Helmut Wiegel, Jens Scheffler, Eva-Maria von Máriássy,
Karli Coburger und Doris Fischer

Schätze der Pflanzenwelt
im Fürstlich Greizer Park

STIFTUNG
THÜRINGER SCHLÖSSER
UND GÄRTEN

Titelbild: Fürstlich Greizer Park, Blick zum Weißen Kreuz
Umschlagrückseite: Frucht und Herbstfärbung des Tulpenbaums

Impressum

Redaktion Dr. Susanne Rott
Mitarbeit Bildredaktion Maria Porske
Gestaltung, Satz und Produktion Edgar Endl, bookwise
medienproduktion GmbH, München
Reproduktionen Lanarepro GmbH, Lana (Südtirol)
Druck und Bindung F&W Mediencenter GmbH, Kienberg

Bibliografische Information der Deutschen Nationalbibliothek
Die Deutsche Nationalbibliothek verzeichnet diese Publikation
in der Deutschen Nationalbibliografie; detaillierte bibliografische
Daten sind im Internet über http://dnb.dnb.de abrufbar.

Amtlicher Führer der Stiftung Thüringer Schlösser und Gärten
2., überarbeitete Auflage 2020

ISBN 978-3-422-98607-7
www.deutscherkunstverlag.de

Inhaltsverzeichnis

Geleitwort

D er vorliegende Amtliche Führer *Schätze der Pflanzenwelt im Fürstlich Greizer Park* möchte vor allem auf die Bäume und Sträucher des Greizer Parks aufmerksam machen. Es ist mir deshalb als Präsident der Deutschen Dendrologischen Gesellschaft e.V., die sich der Gehölzkunde widmet, eine besondere Ehre, dieses Geleitwort zu verfassen.

Die Landschaftsgärtner früherer Zeiten maßen den heimischen und aus fremden Ländern eingeführten Bäumen und Sträuchern große Bedeutung zu. Sie sollten nicht nur die Räume gliedern, sondern durch besondere Formen, Blüten oder Blattfarben den Besucher erfreuen. Noch immer sind im Fürstlich Greizer Park viele Gehölze mit einem Alter von über 150 Jahren, einige gar über 200 Jahre, erhalten; die zahlreichen Nachpflanzungen zeigen, dass bis heute viel Wert auf den Erhalt der Gehölzvielfalt gelegt wird. Zunehmende Dürre- und Hitzeperioden machen allen Gehölzen zu schaffen. Bemerkenswert ist es daher, dass im Fürstlich Greizer Park 20 Bäume zu den Rekordbäumen (das heißt den Bäumen mit dem stärksten Stammumfang) Thüringens zählen, darunter der Amerikanische Tulpenbaum und der Kuchenbaum, aber auch die beiden heimischen Baumarten Rot- und Grau-Erle. In einem Gemeinschaftsprojekt der Deutschen Dendrologischen Gesellschaft e.V. und der Gesellschaft Deutsches Arboretum e.V. werden diese Gehölze deutschlandweit erfasst.

Der vorliegende Parkführer ermöglicht es dem Besucher, die Gehölzvielfalt des Fürstlich Greizer Parks während eines Rundgangs kennenzulernen. Die beigefügten Zitate aus Hermann Jägers *Die Ziergehölze der Gärten und Parkanlagen* von 1865 gewähren dabei einen Einblick in die Gehölzvorlieben der damaligen Zeit.

Den Herausgebern sowie den Autorinnen und Autoren ist für die Realisierung dieser Schrift zu danken, der ich eine wohlwollende Aufnahme wünsche. Mögen die Besucherinnen und Besucher des Fürstlich Greizer Parks mit Interesse die Vielfalt und Schönheit seines Gehölzbestandes kennenlernen.

Eike J. Jablonski
Präsident der Deutschen Dendrologischen Gesellschaft e.V.

Die historische Entwicklung des Fürstlich Greizer Parks

Seit der Mitte des 17. Jahrhunderts ist am Ufer der Weißen Elster, unterhalb des Greizer Schlossbergs, ein Lustgarten nachweisbar. Gleichzeitig Lust-, Küchen- und Baumgarten, wurde die Anlage Ende des 17. Jahrhunderts durch die Herrschaft kaum genutzt. Erst ab 1714, als Graf Heinrich II. Reuß Älterer Linie (1696–1722) im Bereich des heutigen Sommerpalais eine dreiflügelige Schlossanlage errichten ließ, wurden die dazugehörigen Gartenanlagen repräsentativ gestaltet. Zur aufwendigen Ausstattung gehörten unter anderem eine Fontäne, vier Springbrunnen, zwei kleine hölzerne Lusthäuser, ein Torhaus, ein Orangeriehaus, eine Reitbahn, eine Schießbahn und ein Felsengarten.

Nach der Zusammenführung der beiden Herrscherhäuser Unter- und Obergreiz gestaltete Heinrich XI. Reuß Älterer Linie (1722–1800) die Residenz systematisch um, errichtete 1769 das Sommerpalais und gründete die Hofbibliothek. Am 12. Mai 1778 wurde er als Fürst Reuß zu Greiz in den Reichsfürstenstand erhoben. Mit dem Bau des Sommerpalais als Sommersitz und Orangerie wurden auch die umgebenden barocken Gartenanlagen neugestaltet und nach Norden hin erweitert. Hinzu kam ein sogenanntes Englisches Boskett. Dessen unregelmäßige, kleinräumige Gestaltung mit den geschlängelten Wegen und kleinen Kabinetten erinnert an die originelle Formensprache des Rokoko und ist ein erster Hinweis auf die neue Mode der Landschaftsgärtnerei in Greiz.

Bereits 1799 wurde der Obergreizer Lustgarten vom Hochwasser zerstört. Ein Jahr später starb Heinrich XI. Sein Nachfolger, Fürst Heinrich XIII. Reuß Älterer Linie (1747–1817), begann, die Gartenanlagen ab 1800 nach englischem Vorbild neu anzulegen. Die Arbeiten konzentrierten sich zwar auf die Umgebung des Sommerpalais, bezogen aber auch das Areal bis zum Binsenteich ein. Trotzdem wurden im Bereich des alten Lustgartens einige architektonische Grundelemente, wie zum Beispiel die Hauptachse, beibehalten. Erst unter Heinrich XIX. Reuß Älterer Linie (1790–1836) beziehungsweise nach seiner Heirat mit Prinzessin Gasparine de Rohan-Rochefort im Jahr 1822 begannen erneut umfangreiche Gestal-

Prospekt des Obergreizer Lustgartens mit dem Sommerpalais, vor 1799

tungsarbeiten. Man holte den Kaiserlich-Königlichen Schlosshauptmann
Johann Michael Riedl (1763–1852) aus Laxenburg bei Wien nach Greiz.
Riedl war in Laxenburg für das Bau- und Gartenwesen verantwortlich gewesen. Seine Vorschläge zur Neugestaltung der Greizer Parkanlage umfass-
ten den gesamten Talkessel bis hin zum sogenannten Sauwehr. Erstmals
bildete das Sommerpalais mit der umgebenden Tallandschaft eine gestalte-
rische Einheit. Der Charakter der nördlichen Teile des Parks wurde von Ge-
hölzgruppen mit jeweils zehn bis 15 Exemplaren der gleichen Art bestimmt.
Die Pflanzenlieferungen kamen in dieser Zeit vor allem aus der Königlichen
Landesbaumschule in Potsdam. Heinrich XIX. ließ die Anlagen am Sommerpalais mit Blumenbeeten ausschmücken und den Garten ab 1830 für
»anständige und gesittete« Besucher öffnen. 1828 wurde auf Vermittlung
Riedls der aus Wien stammende Johannes Steiner als Hofgärtner in Greiz
angestellt. In den Jahren nach dem Tod Heinrichs XIX. kam es zu keinen
wesentlichen Veränderungen im »Fürstlichen Park zu Greiz«.

Aufgrund der starken wirtschaftlichen Entwicklung der Stadt Greiz sollte 1872 eine Eisenbahnlinie gebaut werden. Die anfangs geplante Trasse wäre quer durch den herrschaftlichen Park verlaufen, was Fürst Heinrich XXII. Reuß Älterer Linie (1846–1902) kategorisch ablehnte. Man einigte sich auf eine Variante entlang der östlichen Parkgrenze, durch den Schlossberg und über die Weiße Elster. Der Fürst forderte einen Plan zur Wiederherstellung der vom Eisenbahnbau betroffenen Parkbereiche und zur Maskierung des Bahndamms. Mit Geldern der Eisenbahngesellschaft konnte das Projekt einem der führenden deutschen Landschaftsgärtner, Carl Eduard Petzold (1815–1891), übertragen werden. 1872 erhielt der Muskauer Gartendirektor den Auftrag, die Anlagen in Augenschein zu nehmen und die gewünschten Pläne anzufertigen. Im Januar 1873 lieferte Petzold den ersten Entwurf für die Arbeiten an der Bahnmaskierung und am Binsenteich. Darüber hinaus schlug er die großzügige und weitläufige Überformung der bestehenden Anlagen vor. In diesem Sinne wollte er die Raumgliederung sowie die Wege und Gehölzpflanzungen verändern. Er plante neue Sichtachsen und die Auflösung alter, begrenzender Strukturen, wie etwa der Alleen. Zur Ausführung kam es jedoch nicht. Am 1. März 1873 nahm Petzolds Mitarbeiter Rudolph Reinecken (1846–1928) auf eigenen Wunsch die Stellung als Hofgärtner in Greiz an. Er veränderte mit Zustimmung des Fürsten die Petzold'schen Planungen zugunsten einer kleinräumigeren Gliederung und einer größeren Vielfalt an Pflanzenarten, -farben und -formen. Unter seiner Leitung wurden alle Bereiche des Parks umgestaltet. 1880 wurde Reinecken zum Garteninspektor, 1892 zum Gartendirektor ernannt. Er war insgesamt 50 Jahre lang für den Greizer Park verantwortlich und prägte dessen Entwicklung nachhaltig. Ihm war zwar nie ein so großartiger Entwurf wie derjenige Petzolds gelungen, doch steigerte er die Qualität der Anlage hinsichtlich der Vielfalt und Abwechslung erheblich. Aus heutiger Sicht ist es Reinecken zu verdanken, dass viele wertvolle Bestandteile des Parks aus der Zeit vor 1850, wie zum Beispiel die Seufzerallee, erhalten geblieben sind.

Nach der Abdankung des reußischen Fürstenhauses 1918 ging der Greizer Park zunächst in den Besitz des Volksstaates Reuß und dann 1920 an das Land Thüringen über. Reinecken blieb bis 1923 im Dienst. Nach seinem Ausscheiden wurde die Parkverwaltung dem örtlichen Forstamt übertragen.

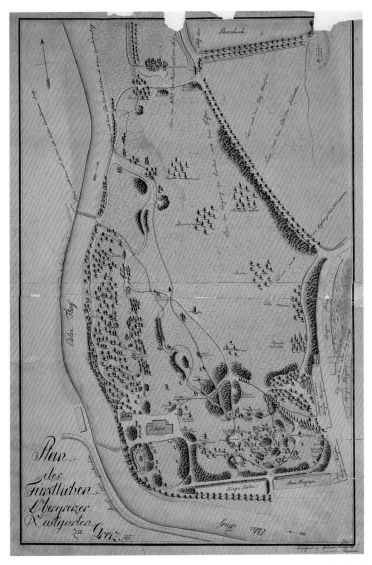

Johannes Steiner, »Plan des Fürstlichen Obergreizer Lustgarten zu Greiz«, 1831. Im Plan sind die wichtigsten von Johann Michael Riedl verwendeten Gehölze bezeichnet

1926 legte der Verein Deutscher Rosenfreunde e.V., Ortsgruppe Greiz, nordwestlich des Parksees einen circa 3 000 Quadratmeter großen Rosengarten an, der in den folgenden Jahrzehnten wieder verwilderte und bis 2005 gänzlich aufgelöst wurde. 1927 übernahm der Gartenmeister Wilhelm Scholz aus Weimar die fachliche Leitung des Parks. Infolge des Luftangriffs auf Greiz am 6. Februar 1945 wurden das Sommerpalais, das Küchenhaus sowie eine Reihe von Parkbäumen beschädigt.

Nach dem Zweiten Weltkrieg wurde der Park an die Stadt Greiz übertragen. Willi Zeiß, ab 1927 im Park beschäftigt, übernahm die fachliche Leitung. Auf einer Stadtverordnetenversammlung wurde der Greizer Park 1950 zum Kunstdenkmal erklärt und in »Leninpark« umbenannt. Am südlichen Parkeingang stellte man 1971 ein Mahnmal gegen den Faschismus auf. 2007 wurde es im Zuge der Neugestaltung des Parkeingangs auf den städtischen Alten Friedhof versetzt. 1973 beauftragte die Stadt Greiz die Landschaftsarchitektin Christa Bretschneider mit dem Aufmaß der Parkanlage sowie der Erstellung eines Baumkatasters. Ab 1977 übernahm Bretschneider auch die fachliche Beratung der Parkverwaltung. 1977 erfolgte zudem der Eintrag des Parks in die Bezirksdenkmalliste. Christa Bretschneider erarbeitete 1981 die denkmalpflegerische Zielstellung für den Park. Als Leitbild stellte sie die nach 1873 unter Reinecken entstandene Anlage heraus. 1986 wurde der Park als Flächennaturdenkmal ausgewiesen. Heute sind Teile der Parkanlage nach der europäischen Fauna-Flora-Habitat-Richtlinie unter Schutz gestellt. 1990 beschloss die Greizer Stadtverordnetenversammlung die offizielle Rückbenennung in »Greizer Park«. Das gesamte Denkmalensemble wurde 1994 an die Stiftung Thüringer Schlösser und Gärten übertragen. Aufbauend auf die bereits bestehende denkmalpflegerische Zielkonzeption wurden in den Folgejahren Teilzielstellungen entwickelt, die als Planungsgrundlagen für die seither vorgenommenen vielfältigen Umsetzungsmaßnahmen dienten. Besonders hervorzuheben ist dabei die denkmalgerechte Wiederherstellung des Blumengartens und des Pleasuregrounds in den Jahren 2011 bis 2013. Durch die Aufnahme des Fürstlich Greizer Parks in das Denkmalpflegeprogramm »National wertvolle Kulturdenkmäler« der Bundesregierung waren die Voraussetzungen dafür geschaffen worden, umfangreiche Wiederherstellungs- und Sanierungsmaßnahmen in den gärtnerischen Schwerpunkt-

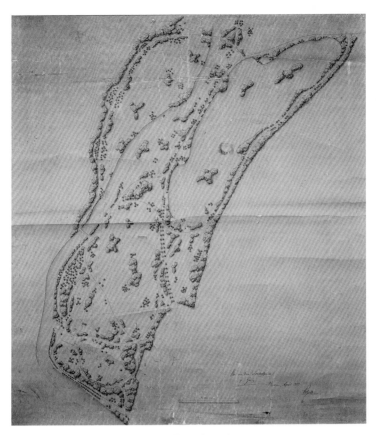

Carl Eduard Petzold, Entwurfsplan des Schlossparks zu Greiz, 1873

bereichen um das Sommerpalais durchführen zu können. Dass durch das folgenschwere Hochwasser im Juni 2013 die nur zwei Monate zuvor fertiggestellte und der Öffentlichkeit am Europatag (5. Mai) übergebene Parkanlage verwüstet wurde, stellte einen herben Rückschlag für den Fortgang der Gesamtinstandsetzung der Anlage dar, konnte aber durch die bereitgestellten öffentlichen Mittel zur Hochwasserschadensbeseitigung glücklicherweise innerhalb der folgenden fünf Jahre zum Großteil wieder behoben werden. Auch zukünftig werden Erhaltung und Pflege des historischen Erbes die unumstößlichen Grundlagen für die Entwicklung der Greizer Parkanlage darstellen.

Als bürgerschaftliche Interessenvertretung fanden sich 2011 Parkbegeisterte zum Freundeskreis Greizer Park e.V. zusammen. Die Parkfreunde haben es sich zum einen zum Ziel ihrer ehrenamtlichen Arbeit gesetzt, bei Besuchern der Stadt Interesse für den Park zu wecken und Hilfen beim Kennenlernen seiner gartenkünstlerischen und botanischen Besonderheiten zu bieten. Zum anderen möchte der Verein die identitätsstiftende Wahrnehmung des Fürstlich Greizer Parks in der Region und das Bewusstsein dafür fördern, dass die Stadt Greiz mit der weitläufigen Anlage etwas Einmaliges besitzt. Dafür arbeitet der Freundeskreis Greizer Park e.V. eng mit der Stiftung Thüringer Schlösser und Gärten als Eigentümerin und mit der Parkverwaltung zusammen.

Im Einzelnen sieht der Verein seine Aufgabe darin, die Pflege und Entwicklung des Parks zu begleiten und insbesondere dessen gartenhistorische, stadtbildprägende und naturschutzfachliche Bedeutung durch Führungen, Vorträge, Flyer und eine Internetseite (www.greizer-parkfreunde.de) in der öffentlichen Wahrnehmung zu verankern. Darüber hinaus unterstützt er die Stiftung Thüringer Schlösser und Gärten, indem er zur Vermittlung und Erlebbarkeit der Gartenanlage beiträgt. Dazu zählt zum Beispiel die Beschilderung ausgewählter Bäume unter Nutzung von QR-Codes, über die weitere, ausführlichere Informationen zu den jeweiligen Baumarten bequem vor Ort online zugänglich gemacht werden.

Der Sammlungsbestand »Botanik« in der Staatlichen Bücher- und Kupferstichsammlung im Sommerpalais

Am 8. Februar 1920 wurde die fürstlich-reußische Hofbibliothek mit der Grafischen Sammlung durch einen Vertragsabschluss zwischen den Töchtern des Fürsten Heinrich XXII. Reuß Älterer Linie und dem Volksstaat Reuß in Staatsbesitz überführt. Die neugegründete »Staatliche Bücher- und Kupferstichsammlung Greiz – Stiftung der Älteren Linie des Hauses Reuß« wurde am 22. August 1922 im Sommerpalais im Fürstlich Greizer Park eröffnet und ist seit November 1922 für die Öffentlichkeit zugänglich. Kurz darauf wurden Teilbestände der Bibliothek des Fürstlichen Gymnasiums Rutheneum übernommen.

Die Büchersammlung des Fürstenhauses Reuß Älterer Linie stellt unter den heute etwa 35 000 Bänden der Bibliothek den größten Anteil. Heinrich XI. Reuß Älterer Linie, der Bauherr des Sommerpalais, begann 1747 mit dem systematischen Aufbau der Hofbibliothek. Vor allem Werke der französischen Aufklärung fanden Einzug in seine Bibliothek. Hinzu kamen historische, theologische und naturwissenschaftliche Titel, Enzyklopädien und Reisebeschreibungen sowie Publikationen über Architektur und Gartenkunst. In der letztgenannten Bestandsgruppe finden sich Titel mit sowohl gartentheoretischen als auch gartenpraktischen Anweisungen, mit Instruktionen zur Aufzucht und Überwinterung von heimischen Pflanzen, mit Hinweisen über den idealen Pflanzort und die ideale Pflanzzeit sowie mit Anleitungen zur Pflege von importierten Pflanzen. Einige dieser Werke und ihre Verfasser seien hier kurz vorgestellt:

Der Botaniker Joseph Pitton de Tournefort (1656–1708) unternahm Forschungsreisen nach Griechenland, Kleinasien und Armenien. Nach seiner Rückkehr stellte er ein System der Pflanzen mit den präzisen Definitionen der Gattungen auf. Sein Reisebegleiter war der Künstler Claude Aubriet (1665–1742), der die über 1300 gesammelten Pflanzenarten zeichnete. In dem dreibändigen Werk *Institutiones rei herbariae*, das von 1700 bis 1703 in Paris erschien, verfertigte Tournefort ein 22 Klassen umfassendes Pflanzen-

Darstellung von Parkbänken, aus: Ferdinand Christian Touchy: Die Gartenkunst oder ein
auf vieljährige Erfahrung gegründeter Unterricht, so wohl große als kleine Lust- Küchen-
Baum- und Blumengärten anzulegen [...], 2. Auflage, Bd. 4, Leipzig 1804, Taf. 10

system, das 50 Jahre lang – bis zum Erscheinen von Carl von Linnés *Species plantarum [...]* – der botanische Leitfaden blieb. Die Ausgabe in der Bibliothek des Sommerpalais besteht aus einem Textband und zwei Bänden mit in Kupfer gestochenen Illustrationen. Die dargestellten Pflanzen sind jeweils in lateinischer und französischer Sprache benannt.

Henri Louis Duhamel du Monceau (1700–1782), Botaniker und Agronom, gilt als der Begründer der Forstbotanik. Seine Erkenntnisse sind in beinahe 90 Schriften überliefert, sieben Titel davon kann die Büchersammlung im Sommerpalais vorweisen. Das zweibändige Werk *Traité des arbres et arbustes qui se cultivent en France en pleine terre* erschien 1755 in Paris. Die in Frankreich wachsenden Bäume und Sträucher sind darin in alphabetischer Reihenfolge mit ihren lateinischen und französischen Namen aufgelistet. Darunter folgen jeweils die Beschreibung, die Subspezies, der Anbau und die Nutzung der beschriebenen Bäume, denen in den einzelnen Artikeln ganzseitige Illustrationen beigegeben sind. In *De l'exploitation des bois [...]*, 1764 in Paris erschienen, gibt Duhamel Ratschläge zur ertragreichen Bewirtschaftung des Forstes. *La physique des arbres; où il est traité de l'anatomie des plantes et de l'économie végétale*, Paris 1758, zweiteilig in einem Band mit eingebundenen Kupferstichen, und *Des semis et plantations des arbres, et de leur culture; ou méthodes pour multiplier et élever les arbres*, Paris 1760, mit Kupfertafeln, sind weitere Werke Duhamels, in denen er sich mit der Anzucht, der Anpflanzung und dem Wachstum von Bäumen beschäftigt.

Von dem achtbändigen, in Stuttgart in den Jahren 1786 bis 1796 erschienenen deutschsprachigen Hauptwerk *Abbildung aller oekonomischen Pflanzen* sowie der französischen Ausgabe *Figures des plantes économiques* des Stuttgarter Botanikers Johann Simon Kerner (1755–1830) sind im Sommerpalais lediglich die Bände 5 (1792) bis 8 (1796) erhalten. Alle Bände sind mit zahlreichen handkolorierten Kupferstichen illustriert. Die prägnanten beschreibenden Texte sind in Band 5 und 7 in deutscher und französischer Sprache, in den Bänden 6 und 8 ausschließlich in deutscher Sprache verfasst.

Das wichtigste Werk zur Gartentheorie in der fürstlich-reußischen Hofbibliothek ist sicherlich die 1776 in Paris erschienene *Théorie des jardins* des Gartenarchitekten Jean Marie Morel (1728–1810). Morel nahm Bezug auf die Schriften von Thomas Whately (1726–1772), dessen Ideen einen großen Ein-

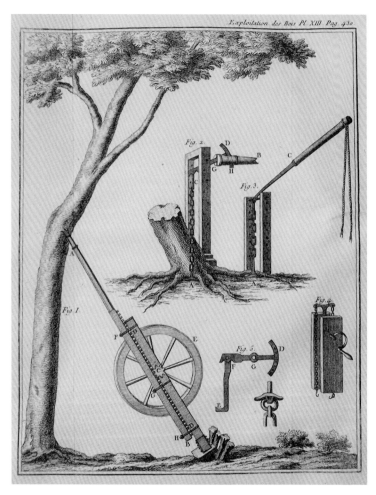

Darstellungen von Gerätschaften zum Ausheben und Richten großer Bäume, aus: Henri Louis Duhamel du Monceau: De l'exploitation des bois [...], Paris 1764, Taf. XIII

fluss auf die Entwicklung von Landschaftsgärten in ganz Europa hatten. Auch stützte er sich auf die Gartenentwürfe von Claude-Henri Watelet (1718–1786).

Zur Theorie der englischen Landschaftsgärten geben zwei weitere Werke in der fürstlich-reußischen Hofbibliothek Auskunft: das von Christian August Semler (1767–1825) verfasste Werk *Würdigung und Veredlung der regelmäßigen Gärten oder Versuch die nach dem Französischen Geschmack angelegten Gärten nach den Grundsätzen der Englischen Gartenkunst zu verbessern*, das 1794 in Leipzig erschien, sowie der ebenfalls in Leipzig 1797 erschienene dritte Band und der 1804 erschienene vierte Band der zweiten Auflage von *Die Gartenkunst oder ein auf vieljährige Erfahrung gegründeter Unterricht, so wohl große als kleine Lust- Küchen- Baum- und Blumengärten anzulegen; fremde Bäume, Stauden und Gewächse für englische Gärten zu ziehen und zu warten […]* von Ferdinand Christian Touchy (1736–1808).

Das wichtige 14-bändige Standardwerk von Carl von Linné (1707–1778), *Des Ritters Carl von Linné Königlich Schwedischen Leibarztes [et]c. [et]c. vollständiges Pflanzensystem […]* (Nürnberg 1777–1788; deutsche Ausgabe von *Species plantarum […]*), gehört zum Bestand des Fürstlichen Gymnasiums Rutheneum.

Der Fürstlich Greizer Park als Naturrefugium für den Artenschutz

In seiner Gesamtschau bietet der Fürstlich Greizer Park ein hervorragendes Szenario aus historischem Landschaftspark, dendrologischen Besonderheiten und einer reichhaltigen Naturausstattung. Bedingt durch die maßvolle Parkgestaltung unter Einbeziehung vorhandener Landschaftskulissen des Flusstals der Weißen Elster, konnten sich vielfältige Lebensraumtypen mit einer stattlichen Anzahl von Pflanzen- und Tierarten entwickeln. Bei einem Spaziergang durch den Park kann man bis zu 15 verschiedene Biotoptypen entdecken, wie zum Beispiel Sumpfhochstaudenfluren, binsen- und seggenreiche Nasswiesen, ufernahe Röhrichtbestände und wechselfeuchte Grünlandstandorte. Ein Großteil der Parkwiesen repräsentiert die in Thüringen sehr selten gewordenen, extensiv genutzten mageren bis mäßig nährstoffreichen wechselfeuchten Mähwiesen des Flach- und Hügellandes in einem sehr guten Pflegezustand. Leitarten sind hier zum Beispiel die beiden Orchideenarten Breitblättrige Kuckucksblume (*Dactylorhiza majalis*) und Großes Zweiblatt (*Listera ovata*), des Weiteren Wiesenknöterich (*Polygonum bistorta*), Kleiner Baldrian (*Valeriana dioica*), Sumpfpippau (*Crepis paludosa*), Wolliges Honiggras (*Holcus lanatus*), Mädesüß (*Filipendula ulmaria*), Engelwurz (*Angelica sylvestris*), Kohlkratzdistel (*Cirsium oleraceum*), Kuckucks-Lichtnelke (*Lychnis floscuculi*) und Großer Wiesenknopf (*Sanguisorba officinalis*). An den Blüten des Wiesenknopfs leben die ersten Larvenstadien des recht unscheinbaren Wiesenknopf-Ameisenbläulings (*Maculinea nausithous*), einer europaweit geschützten Schmetterlingsart. Die Raupen lassen sich herunterfallen und werden in die Erdnester von Wiesenameisen geschleppt, wo sie, von Ammen umsorgt, ihre Entwicklung bis zum Falter vollenden. Das gut ausgetüftelte Mahdregime der Wiesenknopfbestände sichert den Fortbestand dieser für ganz Thüringen bedeutsamen Falterpopulation. Die nördlich gelegenen Hammerwiesen, mit Teichen, in denen der Kammmolch (*Triturus cristatus*) vorkommt, sowie die westlich und südlich des Parksees gelegenen Bereiche sind gemäß der Fauna-Flora-Habitat-Richtlinie der Europäischen Union Bestand-

Artenvielfalt im Fürstlich Greizer Park: Waldkauz, Grünspecht, Großes Zweiblatt, Wiesenknopf-Ameisenbläuling

teil des FFH-Gebiets »Elstertal zwischen Greiz und Wünschendorf«. Das alljährlich im Mai zu bestaunende Blütenmeer von (geschätzt) über 50 000 Majalis-Orchideen auf den Hammerwiesen – das wohl größte Vorkommen in Thüringen – macht diesem Schutzstatus alle Ehre. Gebietsidentisch mit dem FFH-Gebiet ist der Fürstlich Greizer Park auch EU-Vogelschutzgebiet. Insgesamt wurden bisher 222 Vogelarten (Stand 2019) nachgewiesen und fast jedes Jahr kommen neue Beobachtungen hinzu. Derzeit profitieren 66 Brutvogelarten von der vielgestaltigen Parklandschaft mit ihren höhlenreichen Altbaumbeständen. Die von ehrenamtlichen Ornithologen organisierten Vogelstimmen-Führungen vermitteln einen akustischen Eindruck von den verschiedenen Repertoires sangesfreudiger Vogelarten. Alles in allem ist der Fürstlich Greizer Park – gerade in Zeiten des Artensterbens und des Rückgangs der biologischen Vielfalt – ein wertvolles Naturrefugium, das seinesgleichen sucht.

Gehölze im Fürstlich Greizer Park
Ende des 19. Jahrhunderts

Im Wesentlichen geht die heutige Gestalt des Fürstlich Greizer Parks auf die landschaftliche Gartenplanung zwischen 1873 und 1923 unter dem Gartendirektor Rudolph Reinecken zurück. Erste Vorschläge für die Neugestaltung des Parks stammen jedoch bereits aus dem Jahr 1872, von Carl Eduard Petzold. Als einer der führenden deutschen Gartenkünstler seiner Zeit beschäftigte er sich intensiv mit der Verwendung von Gehölzen in Gärten und Parks. Seine Pläne für die Umgestaltung des Fürstlich Greizer Parks zeigen eine hohe künstlerische Qualität. Petzold sah die weitgehende Auflösung der bisherigen Anlagenstruktur zugunsten einer großzügigen, über die Grenzen des Parks hinausreichenden Gestaltung vor. Dabei sollten geeignete Gehölze, die bereits bis 1830 unter Johann Michael Riedl gepflanzt worden waren, integriert werden. Zur Ausführung kamen 1873 erste Maßnahmen am Binsenteich und für die Maskierung der Bahntrasse.

Als Schüler und Mitarbeiter von Carl Eduard Petzold im Muskauer Arboretum stand Reinecken natürlich unter dessen Einfluss. Reinecken hatte sich 1873 auf eigenen Wunsch aus Muskau verabschiedet, um in Greiz die Stellung als Hofgärtner anzutreten. Von Heinrich XXII. Reuß Älterer Linie mit der Neugestaltung der Parkanlage betraut, baute Reinecken mit Sicherheit auf den Arbeiten von Petzold auf, versuchte aber, sich in der folgenden Zeit von seinem Lehrer zu lösen. Entgegen der Petzold'schen Planung veränderte er die großzügige, weitläufige Gliederung, um kleinere Gartenräume mit einer größeren Vielfalt zu schaffen. Er verzichtete auf einige große Blickachsen und erhielt relativ viel vom vorhandenen Bestand an Wegen und Gehölzen. Hinsichtlich Wuchsformen, Farben und fremdländischer Herkunft vergrößerte er die Vielfalt der Gehölzarten erheblich. Besonders abwechslungsreiche Pflanzungen sah Reinecken vor allem in den intensiv gestalteten Parkbereichen am Binsenteich, im Pinetum und im Pleasureground vor. Letzterer wurde originell mit Blumenbeeten, Orangeriepflanzen und fremdländischen Blütensträuchern ausgestattet. In den weitläufigeren Teilen des

Rudolph Reinecken (zugeschrieben), Entwurfsskizze des Blumengartens südlich des Sommerpalais, 1873/74

Parks erzeugen kräftige Rot-Buchen und Rot-Eichen in Benachbarung mit gelb- oder helllaubigen Gehölzen einen wirkungsvollen Kontrast. Außergewöhnliche Wuchsformen verstärken den vielfältigen Eindruck der Vegetation. Zwischen den Pflanzungen liegen immer wieder freie Wiesenflächen, um Sichten freizugeben und die Gehölze wirken zu lassen.

Der größte Teil der Gehölze wurde in den Jahren 1873 und 1874 gepflanzt. Die Pflanzen wurden unter anderem von Baumschulen in Muskau, Waldenburg, Wilhelmsdorf und Oberhütten geliefert. Insgesamt fanden bei Reinecken rund 230 verschiedene Gehölzarten und -formen Verwendung. Um möglichst rasch die gewünschte räumliche Wirkung zu erzielen, wurden viele Großbäume in den Park verpflanzt. Reinecken selbst hatte eine Verpflanzmaschine konstruiert, die auf der Internationalen Gartenbauausstellung in Köln einen ersten Preis erhielt.

Dendrologischer Rundgang durch den Fürstlich Greizer Park

Hinweise zur Benutzung des Gehölzführers

Der folgende Rundgang zeigt eine Auswahl der bemerkenswertesten Gehölze im Fürstlich Greizer Park. Mit Hilfe der einheitlichen Nummerierung können die einzelnen Gehölze sowohl im Text und auf den beiden Detail-Lageplänen als auch an ihrem Standort im Park aufgefunden werden.

Bei dem vorliegenden Gehölzführer handelt es sich weder um einen systematisch geordneten Pflanzenkatalog noch um ein botanisches Bestimmungsbuch. Die Pflanzen werden in der Abfolge ihrer Standorte beschrieben, die sich aus dem Verlauf des Rundgangs ergibt. Die Beschreibung der einzelnen Gehölze beginnt jeweils mit der deutschen und der wissenschaftlichen Pflanzenbezeichnung (Gattung, Art, Autor des Pflanzennamens, gegebenenfalls Sorte und Familie). Es folgen Angaben zur Verbreitung der Gehölze und ihren Besonderheiten (Wuchs, Laub, Blüte usw.). Falls bekannt, werden auch Details zur Standortgeschichte und zur Verwendung im Fürstlich Greizer Park vermerkt. Aus dem aktuellen Gehölzkataster des Parks wurde der Pflanzzeitpunkt übernommen, in besonderen Fällen wird auch der Stammdurchmesser (gemessen in einem Meter Höhe über dem Stammfuß) angegeben. Ergänzend sollen Zitate aus Hermann Jägers Werk *Die Ziergehölze der Gärten und Parkanlagen* von 1865 die Bedeutung und Verwendung der einzelnen Gehölzarten für die Gestaltung von landschaftlichen Parkanlagen in der zweiten Hälfte des 19. Jahrhunderts veranschaulichen. Hermann Jäger (1815–1890) war einer der bedeutendsten thüringischen Gartenschriftsteller, Großherzoglicher Garteninspektor in Eisenach und Mitherausgeber der Zeitschrift *Gartenflora*. In seinen Gehölzbeschreibungen bezieht er sich auf die Prinzipien der Pflanzenverwendung, die von Fürst Hermann von Pückler-Muskau (1785–1871) und Carl Eduard Petzold entwickelt worden waren. Petzolds zusammen mit Georg Kirchner verfasste Veröffentlichung *Arboretum Muscaviense* von 1864 war unzweifelhaft eine wichtige Vorlage für Jägers Ausführungen.

Außerdem enthält der vorliegende Führer ein Verzeichnis der wissenschaftlichen Pflanzennamen der in ihm beschriebenen Pflanzen sowie eines mit deren deutschen Bezeichnungen – beide alphabetisch geordnet und mit den betreffenden Seitenzahlen im dendrologischen Rundgang versehen.

Orangerie und Parkgärtnerei

Schon um 1650 befand sich an dieser Stelle ein Lust- und Küchengarten mit einer Orangerie. Mit der Neugestaltung des Obergreizer Lustgartens ab 1714 errichtete man ein neues Lust- und Orangeriegebäude, das unter anderem Pomeranzen, Apfelsinen, Zitronen, Feigen, Lorbeer, Granatäpfel, Zypressen, Yuccas und Agaven beherbergte. Das seltene Ereignis einer Agavenblüte (*Agave americana*) im Jahr 1742 wurde von dem Maler August Meier auf einem 4,80 Meter großen Ölgemälde festgehalten, das sich noch heute im Sommerpalais befindet und zu besonderen Anlässen ausgestellt wird.

Ende des 19. Jahrhunderts ging die Orangeriekultur in Greiz langsam zurück. Das Orangeriegebäude wurde zeitweilig auch als Hoftheater, als Baumagazin beziehungsweise für Wohnzwecke genutzt und mehrfach umgebaut.

2007 wurde der südliche Parkeingang anlässlich der Bundesgartenschau in Gera und Ronneburg als repräsentativer Hauptzugang zur Parkanlage nach historischen Vorgaben neugestaltet. Die räumliche Gliederung entspricht der Gestaltung ab 1873 durch Rudolph Reinecken. Zwei moderne Baumsäle aus Schirmplatanen empfangen den Besucher. Der wiederhergestellte historische Hauptweg führt zum Platz vor der ehemaligen Orangerie. Blumenbänder säumen den Weg. Die vorhandene Reihe von geschnittenen Sommer-Linden (*Tilia platyphyllos*) blieb erhalten, die Blumenuhr aus den 1950er Jahren als Besonderheit des Eingangsbereichs wurde an neuer Stelle und leicht verändert wiederangelegt. Im Bereich der Parkgärtnerei wurden 21 neue Frühbeetkästen nach historischem Vorbild aufgestellt. Die alte Lindenallee entlang der Weißen Elster ist durch die Pflanzung von zehn Winter-Linden wieder vollständig ergänzt worden.

Parksee (Binsenteich)

N

Parksee (Binsenteich)

N

1 Platane *Platanus x hispanica* Mill. ex Münchh. (Platanaceae)

▶ Vgl. Nr. 52

Anlässlich der Bundesgartenschau in Gera und Ronneburg 2007 wurde der Eingangsbereich des Fürstlich Greizer Parks neu angelegt. Als gestalterischer Auftakt dienen der kleine und große Platanensaal, die als schattige »Räume im Freien« zum Verweilen anregen. Durch ihre Schnittverträglichkeit eignet sich die Platane besonders zur Erziehung von Dach- beziehungsweise Schirmformen. Dadurch ist sie selbst in kleineren Gärten pflanzbar, die Stammhöhe ist dabei variabel. Diese Art der Erziehungsform ist im Übrigen auch bei der Linde möglich.

Pflanzjahr: 2006

2 Garten-Magnolie *Magnolia x soulangeana* Soul.-Bod. (Magnoliaceae)

Kultur-Hybride, Kreuzung zwischen *Magnolia denudata* und *Magnolia liliiflora*. Große, duftende, weiß-purpurfarbene Blüten. Blüht von April bis Mai vor dem Blattaustrieb.

Pflanzjahr: circa 1875

3 Winter-Linde *Tilia cordata* Mill. (Malvaceae)

▶ Vgl. Nr. 30

Mitten im Wegeabzweig des Hauptzugangs zum Park steht eine Linde. Damit hat es folgende Bewandtnis: Die Lindenallee entlang der Weißen Elster bestand bereits seit dem 18. Jahrhundert, als der neue Parkgärtner Rudolph Reinecken im Jahr 1875 begann, dem Fürstlichen Park eine neue Gestalt zu verleihen. Dabei verlegte er den Hauptzugang ein Stück weit nach Westen, wodurch ein Baum der alten Allee, die nicht unterbrochen werden sollte, mitten im neuen Weg zu stehen kam. Die heute dort stehende Winter-Linde ist eine Nachpflanzung und wurde mit einem speziellen Wurzelkammersystem ausgestattet, das die Wegebelastung durch Pflegefahrzeuge etc. von den Baumwurzeln fernhält. Zudem kann der Baum bei Bedarf über die Lüftungsöffnungen mit Wasser versorgt werden.

Pflanzjahr: 2014

4 Geschlitzter Fächer-Ahorn *Acer palmatum* Thunb. ›*Dissectum*‹
(Sapindaceae)
Japan, China, Korea. Baumartiger Großstrauch. Fünf- bis siebenlappige, fein
geschlitzte Blätter. Leuchtend gelbe bis orange Herbstfärbung. Durch zahl-
reiche Züchtungen gibt es heute Fächer-Ahorne mit den unterschiedlichsten
Blattformen und -farben.
Pflanzjahr: circa 1980

5 Bunter Eschen-Ahorn *Acer negundo* L. ›*Variegatum*‹ (Sapindaceae)
Nordamerika. Diese Art wurde Ende des 17. Jahrhunderts in Europa eingeführt. Weiß-bunt gefärbte Blätter, eschenartig gefiedert. Junge Zweige grün,
bläulich bereift.
Pflanzjahr: circa 1970
»*Der Eschenahorn ist einer der schönsten Parkbäume und hat unstreitig das
lichteste Grün unter allen Bäumen. Die grünen Äste beleben die Winterland-
schaft, und im Herbst erscheint der Baum flammend gelb.*«

6 Mandschurischer Holzapfel *Malus mandshurica* (Maxim.)
Kom. ex Skvortsov (Rosaceae)
China, Nordkorea, Japan. Seltener Zierstrauch. Rosa Knospen, schneeweiße
Blüten. Im Herbst auffällig gelbgrüne bis rote Zieräpfel.
Pflanzjahr: 1960

7 Spindelstrauch (Pfaffenhütchen) *Euonymus europaeus* L. (Celastraceae)
Europa, Kleinasien, Kaukasus. Sommergrüner Strauch oder kleiner Baum.
Vierkantige Äste. Grünliche Blüten im Mai/Juni. Hellrote bis rosa Früchte, die
Bischofsbiretten ähneln (deshalb auch »Pfaffenhütchen« genannt). Stark giftig.
Pflanzjahr: 1960
»*Eine vortreffliche Pflanze für den Park, besonders für Schattenpflanzungen.*«

8 Berglorbeer (Kalmie) *Kalmia latifolia* L. (Ericaceae)
Nordamerika. 1841 in Deutschland eingeführt. Immergrüner Strauch. Lor-
beerartige Blätter (giftig). Blüte im Mai/Juni, rosa Doldentrauben.
Pflanzjahr: circa 1980

Buntlaubiges Blatt des Berg-Ahorns der Sorte ›Leopoldii‹ (Nr. 10)

»Dies ist die schönste Art und sollte in keinem Garten fehlen [...]. Man pflanzt sie einzeln oder zu anderen Moorbeetpflanzen.«

9 Gewöhnliche Stechpalme (Hülse) *Ilex aquifolium* L. (Aquifoliaceae)
West-, Mittel- und Südeuropa, Nordafrika, Westasien. Immergrüner Strauch oder kleiner Baum. Stark glänzende Blätter, mit Dornen besetzt. Leuchtend rote Früchte (giftig).
Pflanzjahr: circa 1980

10 Berg-Ahorn *Acer pseudoplatanus* L. ›Leopoldii‹ (Sapindaceae)
▶ Art vgl. Nr. 53 und Sorten vgl. Nr. 81, 88
Buntlaubige Form des Berg-Ahorns. Im Austrieb kupfrigrosa Blätter, später weißlich-gelb gefleckt. Nachpflanzung für ein 200-jähriges Exemplar gleicher Art am alten Standort.
Pflanzjahr: 1982 (um 1810)

11 Hänge-Buche *Fagus sylvatica* L. ›*Pendula*‹ (Fagaceae)

▶ Art vgl. Nr. 27, 95 und Sorten vgl. Nr. 61, 99

Form der Rot-Buche, mit hängenden Zweigen. Durch Mutation entstanden. 1811 erstmals in Frankreich erwähnt.

Pflanzjahr: circa 1875

»[...] in den ersten 15–20 Jahren häßlich, weil Äste wie geknickt aussehen, dann höchst malerische Form annehmend, besonders schön an Abhängen.«

12 Hänge-Esche (Trauer-Esche) *Fraxinus excelsior* L. ›*Pendula*‹ (Oleaceae)

▶ Art vgl. Nr. 94 und Sorte vgl. Nr. 92

Sorte der Gewöhnlichen Esche. Die Zweige hängen in weitem Bogen, fast senkrecht, bis zum Boden herunter.

Pflanzjahr: um 1900

13 Faden-Sawara-Scheinzypresse *Chamaecyparis pisifera* (Siebold & Zucc.) Endl. ›*Filifera*‹ (Cupressaceae)

▶ andere Sorte vgl. Nr. 39

Um 1861 aus Japan in Europa eingeführt. Zweige fadenförmig dünn, hängend.

Pflanzjahr: 2011

14 Rhododendron *Rhododendron spec.* (Ericaceae)

▶ Vgl. Nr. 26

Eine Vielzahl von Rhododendron-Arten und -Sorten sind überwiegend im Bereich des Pleasuregrounds und am Eingang zum Pinetum zu finden. Vor allem die immergrünen, großblütigen *Rhododendron-catawbiense*-Hybriden stehen hier meist in dichten Gruppen. In den 1830er Jahren betrachtete man Rhododendren in Deutschland noch als Gewächshauspflanzen, die man nur im Sommer auspflanzte oder im Freien mit Fenstern schützte. Ihr deutscher Name »Alpenrose« ist den meisten heutzutage nicht mehr geläufig. Im Fürstlich Greizer Park hielten die Rhododendren gegen Ende des 19. Jahrhunderts Einzug.

»*Die Rhododendren könnte man mit Recht die schönsten aller Blüthensträucher nennen, denn wenn sie auch von den Azaleen an Pracht der Farben übertroffen werden, so ersetzt doch die herrliche immergrüne Belaubung dieses*

Rhododendron (Nr. 14), Azalee und Salbei zur Vollblüte im Pleasureground

vollkommen. Die Blüthen erscheinen gerade zu einer Zeit, wo die der meisten Sträucher zu Ende geht, und hält, je nach der Witterung 4–6 Wochen an, indem einige Arten und Sorten früher, andere später blühen.«

15 Omorika-Fichte *Picea omorika* (Pančić) Purk. (Pinaceae)
Serbien. 1871 entdeckt. »Omorika« ist der serbische Name für »Fichte«. Sehr schlanke, spitze Krone. Junge Zapfen violett.
Pflanzjahr: 1948

16 Colorado-Tanne *Abies concolor* (Gordon & Glend.) Lindl. ex Hildebr. (Pinaceae)
Westliches Nordamerika. Immergrüner, relativ schnell wachsender Nadelbaum. Seine blaugrünen Nadeln zählen zu den längsten aller Tannenarten.
Pflanzjahr: 1948

17 Lederhülsenbaum (Gleditschie) *Gleditsia triacanthos* L. (Fabaceae)

Östliches Nordamerika. 1692 in England nachgewiesen. Benannt nach Johann Gottlieb Gleditsch (1714–1786), dem Direktor des Botanischen Gartens Berlin. Zweige reich mit starken, teilweise verzweigten, langen Dornen besetzt, gefiederte Blätter. Die Früchte sind circa 40 Zentimeter lange, braune Hülsen.

Pflanzjahr: 2014

»Die Gleditschien sind unter die schönsten der ausdauernden Bäume zu zählen, denn ihre Belaubung ist herrlich, zart und von besonders zierlicher Wirkung. […] Sowohl zum guten Gedeihen als zur Entwicklung der Schönheit dieser Bäume gehört ein freier sonniger Standort, daher pflanze man sie entweder allein oder in lichten Gruppen und kleinen Hainen vereinigt.«

18 Stiel-Eiche *Quercus robur* L. (Fagaceae)

▶ Art vgl. Nr. 28, 89 und Sorten vgl. Nr. 23, 49

Die hier aus einem alten Eichenstubben (Baumstumpf) herauswachsende Stiel-Eiche stellt einen besonderen Einzelfall dar: Um die gartenkünstlerische Konzeption möglichst exakt beizubehalten, ist es im historischen Garten oberstes Gebot, erforderliche Nachpflanzungen von Baumsolitären am Originalstandort mit der gleichen Baumart durchzuführen. Für diese Pflanzweise eignen sich vor allem Eichen, Linden und Buchen, die wegen ihres meist großen Stammdurchmessers eine Nachpflanzung im Stubben erlauben. Der neue hier eingepflanzte Baum stammt aus den Beständen des Fürstlich Greizer Parks.

Pflanzjahr: 1989

19 Mahonie *Mahonia aquifolium* (Pursh) Nutt. (Berberidaceae)

Westliches Nordamerika. Ab 1820 in Deutschland. Nach dem US-amerikanischen Samen- und Pflanzenhändler Bernard McMahon (um 1775–1816) benannt. Niedriger, immergrüner Strauch. Dunkelgrüne, glänzende Blätter, dornig gezähnt. Goldgelbe Blütentrauben im April/Mai.

Pflanzjahr: 2020

»Unter den härteren [Mahonien-]Arten die schönste, welche vorzugsweise angepflanzt werden sollte.«

Der Tulpenbaum (Liriodendron tulipifera)

Woher kommt der Name? Der deutsche Name »Tulpenbaum« findet sich im Artnamen *tulipifera* (lat. für »Tulpen tragend«) wieder, da die Form seiner Blüten mit der einer Tulpe beschrieben werden kann. Er gehört zur Familie der Magnoliengewächse.

Woher stammt er? Die Gattung *Liriodendron* umfasst nur zwei Arten: Eine stammt aus China, eine weitere aus Nordamerika. Der Tulpenbaum im Fürstlich Greizer Park gehört zur amerikanischen Art, die im Südosten und Mittelwesten der Vereinigten Staaten zu finden ist. Nach Europa wurde er bereits Mitte des 17. Jahrhunderts eingeführt.

Wie sieht er aus? In seiner Heimat kann der rasch wachsende Tulpenbaum bis zu 60 Meter hoch werden. In Europa erreicht er eine Höhe von etwa 35 Metern. Die anfangs schmale Baumkrone wird mit zunehmendem Alter kegelförmig und bis zu 20 Meter breit. Der Tulpenbaum besticht durch seine äußerst attraktiven Blätter mit ihrem unverwechselbaren Blattumriss und seine reizvollen tulpenförmigen Blüten. Sie erreichen eine Größe von bis zu sechs Zentimetern, sind schwefelgelb bis gelbgrün gefärbt und auf der Innenseite orange gebändert. Die Blüten erscheinen im Mai/Juni, aber erst ab einem Alter des Baums von 20 Jahren. Die dunkelbraunen Früchte sehen fast wie trockene Koniferenzapfen aus und bleiben während des gesamten Winters am Baum. Die goldgelbe Herbstfärbung ist besonders prachtvoll.

Wissenswertes Während des Amerikanischen Bürgerkriegs (1861–1865) galt der »tulip tree« als Freiheitssymbol und wurde in vielen Städten und Dörfern gepflanzt. Für die Holzindustrie in den Vereinigten Staaten ist dieser Baum ein wichtiger Rohstoff. Neben den gängigen Verwendungsarten eignet sich das wertvolle Nutzholz besonders für den Bau von Klavieren und Orgeln, da es nach der Verarbeitung nicht schwindet. An Sorten gibt es nur die im Wuchs schwächere ›Aureomarginata‹ mit hellgelbem Blattrand und die ›Fastigiata‹ mit säulenförmigem Wuchs. Der Tulpenbaum im Fürstlich Greizer Park gehört mit zu den größten Exemplaren seiner Art in Deutschland.

Der Tulpenbaum (Nr. 20) im Pleasureground in leuchtend gelber Herbstfärbung

20 Tulpenbaum *Liriodendron tulipifera* L. (Magnoliaceae)
s. auch S. 39
Östliches Nordamerika. Seit 1653 in England. Charakteristische Blattform mit eingebuchtetem Mittellappen. Blüten tulpenähnlich, drei gelbe Kelchblätter, im Mai/Juni. Kommt im Fürstlich Greizer Park häufig vor. Das Exemplar am Sommerpalais ist besonders stattlich.
ø Stamm: 166 cm | Pflanzjahr: circa 1810 (um 1825 belegt)
»Einer der schönsten Bäume der gemäßigten Zone, sowohl durch die Schönheit der Blattform als durch die liebliche hellgrüne Färbung, [...]. Herrlich einzeln oder gruppiert auf Rasen, besonders im Vordergrunde oder in größeren hainartigen Pflanzungen, sowie als Alleebaum für mildere Gegenden.«

21 Tatarischer Hartriegel *Cornus alba* L. ›*Elegantissima*‹ (Cornaceae)
Breit aufrecht wachsender Strauch. Jüngere Zweige blutrot und glänzend. Sorte mit weißrandigen Laubblättern.
Pflanzjahr: circa 1985

22 Gewürzstrauch *Calycanthus floridus* L. (Calycanthaceae)
Südliches Nordamerika. Seit 1726 in England, 1773 in Jena nachgewiesen. Dunkelrotbraune Blüten, die nach Erdbeere riechen. Rinde und Holz duften stark nelkenartig – daher der Name. Keine Gewürzpflanze. In seiner Ursprungsheimat legt man die Zweige des Strauchs in die Wäscheschränke.
Pflanzjahr: circa 1985
»Die Gewürzsträucher sind beliebte Gartenpflanzen, obschon die Farbe der Blüthen höchst unbedeutend ist. Hat man es nicht auf eine Sammlung abgesehen, so genügt C. floridus.«

Die stark duftende Blüte des Gewürzstrauchs (Nr. 22) im Juni

Sommerpalais mit Blumengarten

Mit dem Bau des Sommerpalais als Orangerie und Sommersitz der Herrschaft Reuß Älterer Linie wurde der vorhandene Lustgarten 1768 in barocker Manier neugestaltet und nach Norden erweitert. Bereits 1799 zerstörte ein großes Hochwasser der Weißen Elster den Garten. Die darauffolgende landschaftliche Gestaltung kam schließlich mit den Umgestaltungsplänen von Rudolph Reinecken zu ihrem Abschluss, der ab 1874 einen mit Blumenbeeten und Blütensträuchern attraktiv ausgeschmückten Pleasureground um das Sommerpalais anlegte. Neben den von Reinecken vorgesehenen Gehölzpflanzungen befindet sich noch eine größere Anzahl von Laubgehölzen im Bereich des Pleasuregrounds, die der frühen landschaftlichen Gestaltungsphase zwischen 1800 und 1830 zuzuordnen sind. Der überwiegende Teil des Gehölzbestands stammt jedoch aus der Zeit nach Reinecken, ab 1923.

23 Gold-Eiche *Quercus robur* L. ›Concordia‹ (Fagaceae)

▶ Art vgl. Nr. 18, 28, 89 und Sorten vgl. Nr. 49

Kulturform der Stiel-Eiche. 1843 in der Baumschule von Van Geert in Gent entstanden. Die Blätter erscheinen bereits beim Austrieb goldgelb, später etwas vergrünend. Sehr langsam wachsend. Dieser Baum ist im Pflanzplan von Rudolph Reinecken für den Blumengarten verzeichnet.

Pflanzjahr: um 1875

24 Rotblättrige Zellernuss *Corylus avellana* L. ›Fuscorubra‹ (Betulaceae)

Aus den Niederlanden. Breit ausladender Strauch. Blätter im Austrieb dunkelrot, dann rotbraun. Hülsen der Haselnüsse ebenfalls rotbraun.

Pflanzjahr: 2014

25 Salzstrauch *Halimodendron halodendron* (Pall.) Voss (Fabaceae)

Transkaukasus bis Turkestan. Kleiner, dorniger Strauch. Blaugrüne Fiederblättchen, manchmal mit Stachelspitze. Kleine, zarte Blüten, lila bis hellpurpurn.

Pflanzjahr: 2014

»Ein schöner Strauch […]. Er ziert durch seine zarten silberfarbigen Blätter und zahlreiche hellrothe Blüthen. Gedeiht vorzüglich auf gutem Sandboden und verlangt mäßige Feuchtigkeit.«

Das auffallend hellgelbe Laub der Gold-Eiche (Nr. 23) am Ostrand des Blumengartens

Blick in den Fürstlich Greizer Park, im Vordergrund das Blumenbeet an der Nordseite des Sommerpalais

26 Azalee *Rhododendron spec.* (Ericaceae)

▶ Vgl. Nr. 14

Hier im Blumengarten stehen meist die Abkömmlinge der Japan-Azalee (*Rhododendron molle*) und der Pontischen Azalee (*Rhododendron luteum*), beide sind laubabwerfend. Man findet sie einzeln oder in kleineren Gruppen. Als Azaleen werden sie in der Regel (mit wenigen Ausnahmen) nur dann bezeichnet, wenn sie im Winter blattlos sind, alle anderen nennt man »Rhododendron«. Insgesamt sind über 35 verschiedene Azaleen und Rhododendren im Fürstlich Greizer Park zu finden.

»Die Azaleen könnte man die prächtigsten aller Sträucher nennen, wenn nicht die Rhododendren gleiche Ansprüche machten und es giebt keinen schönern Gartenschmuck im Juni und Juli.«

27 Rot-Buche *Fagus sylvatica* L. (Fagaceae)

▶ Art vgl. Nr. 95 und Sorten vgl. Nr. 11, 61, 99

Mitteleuropa, Kaukasus. Große, gewölbte Krone. Glatter, hellgrauer Stamm. Austrieb zartgrün, Herbstfärbung gelb, rot und braun. Einer der ältesten Bäume im Fürstlich Greizer Park.

Pflanzjahr: 1810

»*Dieser allbekannte Baum ist der schönste Schmuck großer Parke, sowohl im Walde, als hainartig, weniger schön einzeln, weil ganz freistehende Buchen viel von ihrer zierlichen Form verlieren und nicht hochschaftig werden.*«

28 Stiel-Eiche *Quercus robur* L. (Fagaceae)

▶ Art vgl. Nr. 18, 89 und Sorten vgl. Nr. 23, 49

Europa, Nordafrika, Kleinasien. Gestielte Blüten beziehungsweise Früchte. Die Blätter sind dagegen kaum gestielt.

ø Stamm: 156 cm | Pflanzjahr: circa 1810

»*Wenn jedem Park Glück zu wünschen ist, alte schöne Eichen dieser Art zu haben, so ist es doch bedenklich, auf die erst nach einem Jahrhundert eintretende Wirkung hin, an bevorzugten Stellen viele anzupflanzen, wohl aber sind Eichen zu Waldpflanzungen zu empfehlen.*«

29 Hybrid-Eiche *Quercus x rosacea* Bechst. (Fagaceae)

Hybride aus *Quercus petraea* und *Quercus robur*, von Johann Matthäus Bechstein (1757–1822) 1813 erstmals beschrieben. Weist Eigenschaften beider Eichenarten auf. Eine solche Eiche ist im *Arboretum Muscaviense* (Gotha 1864) von Carl Eduard Petzold und Georg Kirchner genannt. Es kann angenommen werden, dass dieser Baum aufgrund seines Alters zusammen mit anderen Gehölzen aus der Muskauer Baumschule stammt.

Pflanzjahr: circa 1865

30 Winter-Linde *Tilia cordata* Mill. (Malvaceae)

▶ Vgl. Nr. 3

Europa. Blattunterseite mit rostfarbenen Achselbärten. Früheste Lindenblüte.

Pflanzjahr: circa 1900

»Die Winterlinde ist weniger beliebt als die Sommerlinde, blüht aber viel schöner und liefert die besten Blüten […]. Die Linden finden mannigfach Verwendung. Als Alleebäume sind sie ganz besonders bevorzugt […] und im großen Park bilden sie unübertrefflich schöne Gruppen und Einzelbäume, sowie größere Massengruppen oder finden Verwendung in waldartigen Beständen. Da sie das Zurückschneiden und Abhauen ohne Nachteil vertragen, so benutzt man sie auch für größere Gebüsche, […]. Sie wachsen sehr schnell und sind darum besonders schätzbar für neue Anlagen ohne Bäume, […]. Man kann die Linden sehr groß verpflanzen, […].«

Pinetum

Immergrüne Pineten waren eine Sonderform der Gehölzsammlungen im 18. Jahrhundert. Das Pinetum im Fürstlich Greizer Park gehört zu den frühesten Nadelgehölzsammlungen in Europa, bei denen es in erster Linie um die Präsentation von Koniferen ging. Die Pflanzung von Koniferen an dieser Stelle ist seit dem Ende des 18. Jahrhunderts nachweisbar. Neben heimischen Nadelgehölzen wurden aber auch viele seltene fremdländische Arten gepflanzt, wie zum Beispiel die Schwarz-Kiefer (*Pinus nigra*), die Weymouth-Kiefer (*Pinus strobus*) und der Abendländische Lebensbaum (*Thuja occidentalis*). Für 1810 ist die Beschaffung weiterer nordamerikanischer Koniferen

Östlicher Teil des Pinetums, das dunkle Rot der Blut-Buche bildet einen schönen Kontrast zum dunklen Grün der Koniferen und dem hellen Grün des Tulpenbaums

nachgewiesen. Dazu gehörten die Amerikanische Rot-Fichte (*Picea rubens*), die Balsam-Tanne (*Abies balsamea*) sowie die Kanadische Hemlocktanne (*Tsuga canadensis*). Zwischen 1827 und 1830 wurde das Pinetum in die landschaftliche Umgestaltung der Gartenanlage durch Johann Michael Riedl aus Laxenburg einbezogen. Unter Heinrich XIX. Reuß Älterer Linie erhielt dieser Parkteil durch Rudolph Reinecken seine endgültige Gestalt, die im Wesentlichen bis heute erhalten geblieben ist. Bemerkenswert ist die aufwendige und feindifferenzierte Geländemodellierung, die vermutlich auf die erste Gestaltung des Pinetums um 1800 zurückgeht. Sämtliche Nadelgehölzgruppen wurden auf leichte, rund einen Meter hohe Erhebungen gepflanzt – mit dem Effekt, dass die Gehölzstandorte besonders hervorgehoben wurden und die Pflanzungen besser vor den Überflutungen durch die Weiße Elster geschützt waren. Immer wieder verursachten außerordentlich strenge

Winter starke Frostschäden im Gehölzbestand. So wurden im Winter 1928/29 50 erfrorene Koniferen älteren Bestands gemeldet. Heute setzt sich der Koniferenbestand im Pinetum aus den Pflanzungen der Reinecken-Zeit sowie den Nachpflanzungen der letzten 60 bis 80 Jahre zusammen, wobei der überwiegende Teil der Gehölze jünger als 30 Jahre ist. Viele Neupflanzungen erfolgten im Zuge der denkmalpflegerischen Instandsetzungsarbeiten in den Jahren 2000 und 2016. Von den Nadelgehölzen, die in den Gestaltungsphasen vor Reinecken gepflanzt wurden, sind mit großer Wahrscheinlichkeit heute keine Exemplare mehr erhalten.

31 Gewöhnliche Eibe *Taxus baccata* L. (Taxaceae)
Europa, Kleinasien, Kaukasus. Immergrüner Strauch oder Baum. Becherförmige, rote Früchte. Die Samen und Nadeln sind giftig.
Pflanzjahr: 1875
»Ein in jeder Form willkommener Baum oder Strauch im Garten, denn seine Erscheinung ist reizend, kräftig vor anderen Formen sich auszeichnend und besonders im Winter schön […]. Man pflanzt alle T. stets allein, es müsste denn beabsichtigt werden, ein immergrünes Gebüsch zu bilden.«

32 Abendländischer Lebensbaum *Thuja occidentalis* L. (Cupressaceae)
▶ Vgl. Nr. 85
Östliches Nordamerika. Vermutlich 1534 nach Frankreich gebracht. Schmale, säulenförmige Krone.
Pflanzjahr: 1950er Jahre
»Ein allbekannter schöner Baum, welcher besonders gut zu Schutz- und Deckpflanzungen ist, gute hohe Hecken bildet […].«

33 Buchsbaum *Buxus sempervirens* L. (Buxaceae)
Europa bis Kaukasus. Immergrüner, dichtbuschiger Strauch oder kleiner Baum. Der Buchs ist eine begehrte Bienenweide. Ältester Zierstrauch Europas. Verwendung besonders als Formschnitt- und Einfassungsgehölz. Im Fürstlich Greizer Park wird er auch umfangreich als Einfassungsgehölz der Ornamentbeete von Pleasureground und Blumengarten benutzt.
Pflanzjahr: 2000

Fürstlich Greizer Park im Herbst, Blick nach Nordwesten

»Die baumartigen Spielarten sind schöne Ziersträucher und in kleinen Gärten, [...] unentbehrlich, denn sie gehören zu den wenigen immergrünen Sträuchern, welche in Deutschland gut aushalten. Man pflanzt sie einzeln auf Rasen oder als kleine Gebüsche [...].«

34 Urwelt-Mammutbaum (Chinesisches Rotholz) *Metasequoia glyptostroboides* Hu & W. C. Cheng (Cupressaceae)

s. auch S. 51

China. 1941 als »lebendes Fossil« entdeckt. Diese Art gibt es seit über 130 Millionen Jahren. 1948 wurden vom Arnold-Arboretum in Boston Samen dieses Baums in alle Welt verschickt. Sommergrüner Baum. Hellgrüne Nadeln, junge Triebe rotbraun. Raschwüchsig.

Pflanzjahr: circa 1970

Der Urwelt-Mammutbaum
(Metasequoia glyptostroboides)

Woher kommt der Name? Der deutsche Name »Urwelt-Mammutbaum« ist ein Fantasiename und irreführend. Die weniger bekannte Bezeichnung »Chinesisches Rotholz« beschreibt diesen Baum weit besser, da die jungen Zweige und auch die alte Borke rotbraun gefärbt sind. Der botanische Name *Metasequoia* wurde nach einigen fossilen Funden aus dem Tertiär in Japan von dem Paläobotaniker Shigeru Miki (1901–1974) vergeben.

Woher stammt er? Der Urwelt-Mammutbaum stammt aus Gebirgswäldern in den chinesischen Provinzen Hubei und Sichuan. Dort steht er vergesellschaftet mit den Baumgattungen Spießtanne (*Cunninghamia*), Kopf-Eibe (*Cephalotaxus*), Amberbaum (*Liquidambar*) und Esskastanie (*Castanea*).

Wie sieht er aus? Rasch wachsend, erreicht er eine Höhe von 35 Metern und eine Breite von bis zu 10 Metern. Zunächst hat der Urwelt-Mammutbaum eine schmal pyramidenförmige Krone, die sich später ausbreitet. Der kerzengerade Stamm geht bis zur Spitze durch. Der Urwelt-Mammutbaum ist ein laubabwerfender Nadelbaum. Im Herbst verfärben sich die zwei Zentimeter langen Nadeln bronze- bis orangebraun und fallen mitsamt den Kurztrieben ab. Aus den unauffälligen Blüten entwickeln sich circa zwei Zentimeter große, eiförmige bis kugelrunde Zapfen.

Wissenswertes Dieser Nadelbaum war bereits als fossile Art aus Ablagerungen des Tertiärs bekannt, bevor eine kleine Population von überlebenden Bäumen in einem entlegenen Gebiet Chinas erst 1941 von einem Förster entdeckt wurde. Aufgrund seiner Eigenart als »lebendes Fossil« erlangte der Urwelt-Mammutbaum dann seit 1948 schnell weltweite Verbreitung in Gärten und Parks. Der Baum wird gerne mit der Sumpfzypresse verwechselt, einem ebenfalls laubabwerfenden Nadelgehölz mit ähnlicher Herbstfärbung, das aber eine wechselständige Belaubung hat.

35 Riesen-Lebensbaum *Thuja plicata* Donn ex D. Don ›*Aurescens*‹ (Cupressaceae)

Westküste Nordamerikas. Ende des 18. Jahrhunderts in England eingeführt. Immergrüne, schuppige Nadeln. Triebspitzen grünlichgelb.

Pflanzjahr: circa 1995

»*Man pflanze diesen schönen Lebensbaum frei in den Rasen, jedoch etwas im Schatten.*«

36 Nootka-Scheinzypresse *Callitropsis nootkatensis* (D. Don) Oerst. (Cupressaceae)

▶ Sorte vgl. Nr. 37

Westliches Nordamerika. 1793 auf der Insel Nootka entdeckt, um 1850 in Europa eingeführt. Pyramidaler Wuchs. Links daneben steht die Sorte *Callitropsis nootkatensis* ›*Pendula*‹, mit hängenden Zweigen.

Pflanzjahr: 2000

»*Die Nutka-Cypresse ist eine der schönsten Coniferen und so hart, dass sie die Winter von St. Petersburg verträgt. […] Die düsteren Gruppen der Nadelhölzer werden dann durch die helle bläulichgrüne Färbung belebter und freundlicher […].*«

37 Hänge-Nootka-Scheinzypresse *Callitropsis nootkatensis* (D. Don) Oerst. ›*Pendula*‹ (Cupressaceae)

▶ Art vgl. Nr. 36

Sorte um 1875 in Holland entstanden. Schräggestellte Äste und herabhängende Zweige.

Pflanzjahr: circa 1985

38 Pfitzer-Wacholder *Juniperus x pfitzeriana* (Späth) P. A. Schmidt ›*Wilhelm Pfitzer*‹ (Cupressaceae)

1899 in den Handel gekommen. Hybride aus *Juniperus chinensis* und *Juniperus sabina*. Nach dem süddeutschen Gärtner Wilhelm Pfitzer benannt. Bekannteste und am meisten verbreitete Sorte. Sehr breitwachsend.

Pflanzjahr: circa 1985

39 Feder-Sawara-Scheinzypresse *Chamaecyparis pisifera* (Siebold & Zucc.) Endl. ›Plumosa‹ (Cupressaceae)

Diese Sorte wurde 1861 aus Japan nach England eingeführt. Federartig-krause Zweige (▶ andere Sorte vgl. Nr. 13).

Pflanzjahr: circa 1850

40 Ginkgo *Ginkgo biloba* L. (Ginkgoaceae)

s. auch S. 55

Ostasien. Etwa 1760 in Deutschland eingeführt. Sommergrüner Baum, getrenntgeschlechtlich. Derbledrige, fächerförmige Blätter, am oberen Rand meist eingeschnitten. Früchte gelblich-rund, unangenehm riechend (Buttersäure). Der Samen ist wohlschmeckend.

Ginkgos sind weder Laub- noch Nadelbäume, sie bilden eine eigene, ansonsten ausgestorbene Klasse. Hier im Pinetum steht das männliche Exemplar, das weibliche findet man im östlichen Pleasureground, schräg gegenüber der Gold-Ulme (▶ vgl. Nr. 98).

Pflanzjahr: 1970

»Der Ginkgobaum ist einer der interessantesten Bäume und wo er gedeiht von großer Schönheit, denn das Blatt hat in der nordischen Baumwelt nichts Aehnliches.«

41 Lawson-Scheinzypresse *Chamaecyparis lawsoniana* (A. Murray bis) Parl. (Cupressaceae)

Westliches Nordamerika. 1854 nach Edinburgh eingeführt. Diese Art ist nach Charles Lawson (1794–1873), einem Gärtner in Edinburgh, benannt.

Pflanzjahr: circa 1850

42 Douglasie *Pseudotsuga menziesii* (Mirb.) Franco (Pinaceae)

Westliches Nordamerika. 1795 von Archibald Menzies (1754–1842) entdeckt und durch David Douglas (1799–1834) 1827 in Europa eingeführt. Rasch und stark wachsender Baum, der in Mitteleuropa über 50 Meter, in seiner Heimat über 100 Meter hoch werden kann. Nadeln an der Basis zu kleinen Stielchen verschmälert. Charakteristische Zapfenform mit dreispitzigen Deckschuppen.

Pflanzjahr: 2016

Der Ginkgo (Ginkgo biloba)

Woher kommt der Name? Der Name »Ginkgo« ist vermutlich ein alter chinesischer Pflanzenname, der so viel wie »silberne Frucht« oder »Silber-Pflaume« bedeutet. Er bezieht sich auf die Früchte, die wie langgestielte Mirabellen aussehen und deren Kerne silberfarben (weiß) sind. Der Artname *biloba* bedeutet »zweilappig« und beschreibt die Form des Blattes.

Woher stammt er? Man findet ihn in den chinesischen Provinzen Anhui, Guizhou und Zhejiang. Dort kommt er in Laub- und Nadelmischwäldern vor. 1730 gelangte zunächst Saatgut in die Botanischen Gärten in Utrecht und Leiden, dort stehen heute noch Bäume aus dieser Zeit.

Wie sieht er aus? Der laubabwerfende Baum wächst bis zu 25 Meter hoch und wird bis zu 15 Meter breit. Anfangs ist die Krone schmal pyramidenförmig, im Alter bilden die Bäume jedoch unterschiedliche, schmale, breite oder fächerförmige Kronen aus. Die fächerförmigen, langgestielten Blätter stehen in Büscheln und sind oft eingeschnitten oder gelappt. Die Herbstfärbung ist leuchtend goldgelb. Gleichzeitig erscheinen die Früchte, die im reifen Zustand unangenehm nach Buttersäure riechen. Die Blätter sind parallelnervig und ähneln einem Entenfuß.

Wissenswertes Ginkgobäume sind weder Laub- noch Nadelbäume, sie nehmen im Pflanzenreich eine Sonderstellung ein. Bereits vor 250 Millionen Jahren waren sie auf der Erde zu finden. Noch vor circa 30 Millionen Jahren, im späten Tertiär, waren sie auch bei uns in Mitteleuropa weitverbreitet, starben dann aber während der letzten Eiszeit aus. Nur in einem kleinen Areal in China überlebten sie. Es soll dort über 2 000-jährige Exemplare geben. Der älteste Baum seiner Art in Deutschland, gepflanzt um 1750, steht in Rödelheim bei Frankfurt. Es gibt eine Reihe von Sorten mit sehr unterschiedlichen Wuchsformen, aber auch mit verschiedenen Blatttypen. Schon Goethe ist die sonderbare Stellung des *Ginkgo biloba* bewusst gewesen. Beim Anblick der geteilten Blätter fragte er: »Ist es ein lebendig Wesen, / das sich in sich selbst getrennt? / Sind es zwei, die sich erlesen, / daß man sie als eines kennt?«

»Ein prächtiger Baum, welcher unserer Weißtanne nahe steht, aber viel schöner ist durch die viel längeren Nadeln.«

43 Schlangen-Fichte *Picea abies* (L.) H. Karst. ›*Virgata*‹ (Pinaceae)
▶ Art vgl. Nr. 54
Ein bizarr wachsender Nadelbaum, Äste schlangenförmig hin- und hergebogen, sehr unregelmäßig.
Pflanzjahr: 2016

44 Hinoki-Scheinzypresse (Muschelzypresse) *Chamaecyparis obtusa* (Siebold & Zucc.) Endl. (Cupressaceae)
Japan. Dort bereits 1708 als »heiliger Baum« unter Schutz gestellt, in Europa erstmals 1844 beschrieben. Breit-säulenförmiger Wuchs. Namensgebende Form der Verzweigung.
Pflanzjahr: 2016

Die Silber-Tanne (Nr. 45) trägt bereits in jungem Alter ausgeprägte Zapfen

45 Silber-Tanne *Abies procera* Rehder ›*Glauca*‹ (Pinaceae)
Westliches Nordamerika. Um 1863 über England in Deutschland eingeführt. Im Gegensatz zu anderen Tannen wächst der Leittrieb nicht immer gerade, oft übernehmen Seitenäste die Führung. Auf diese Weise erhält die Silber-Tanne ihren bizarren Wuchs. Sie trägt schon in jungem Alter große Zapfen.
Pflanzjahr: 2016

46 Berg-Hemlocktanne *Tsuga mertensiana* (Bong.) Carrière (Pinaceae)
Rocky Mountains, Westküste Nordamerikas. Einzige Hemlocktanne, deren Zapfen aufrecht am Ast stehen und erst zur Reife am Ast hängen. Benannt wurde sie nach ihrem Entdecker, dem deutschen Botaniker Karl Heinrich Mertens (1796–1830).
Pflanzjahr: 1915

Die Robinie (Nr. 48) östlich des Pinetums, unter Johann Michael Riedl bzw. Johannes Steiner circa 1830 gepflanzt, gehört zu den ältesten Bäumen im Fürstlich Greizer Park

47 Weymouth-Kiefer *Pinus strobus* L. (Pinaceae)

Östliches Nordamerika. 1705 in England, um 1750 in Deutschland eingeführt. Dünne, weiche Nadeln.

Pflanzjahr: 1850

»Ein so beliebter und bekannter Baum, daß er nicht mehr empfohlen zu werden braucht. Er ist nur einzeln stehend schön, und behält dann oft seine Äste bis zum Boden, [...]. Die Weymuthskiefern [sic] wachsen sehr rasch, werden aber nicht alt, und es ist zweckmäßig, öfter junge Bäume anzupflanzen.«

48 Robinie *Robinia pseudoacacia* L. (Fabaceae)

Mittleres und östliches Nordamerika. Seit 1635 in Paris, ab 1646 in Deutschland nachgewiesen. Benannt nach den französischen Gärtnern und Botanikern Jean (1550–1629) und Vespasian (1579–1662) Robin. Das Exemplar im Plan des Fürstlich Greizer Parks von Johannes Steiner aus dem Jahr 1831 ist als Kugel-Robinie (*Robinia pseudoacacia* ›Umbraculifera‹) verzeichnet, es handelt sich aber um die einfache Art.

Pflanzjahr: circa 1830

»Ein so beliebter Baum, dass man eher etwas gegen ihn, als zu seiner Empfehlung sagen sollte, indem er in manchen Gegenden und Gärten wirklich zu häufig gepflanzt wird. Gewiß gehört die Akazie [= Robinia] zu den schönsten Bäumen, aber zu häufig macht sie einförmig und die Gärten im Frühjahr kahl, da sie erst Ende Mai grün wird. Man sollte sie nur einzeln auf Rasen oder frei aus Gebüschen hervorragend pflanzen.«

49 Säulen-Eiche *Quercus robur* L. ›Fastigiata‹ (Fagaceae)

▶ Art vgl. Nr. 18, 28, 89 und Sorten vgl. Nr. 23

Wildvorkommen erstmals 1759 in Hessen erwähnt. Schmaler, säulenförmiger Wuchs. Alle Triebe aufrecht. Hinweis: Der Baum selbst trägt keine Nummer. Er steht auf der Wiese zwischen der Robinie (▶ vgl. Nr. 48) und dem Sommerpalais.

Pflanzjahr: circa 1850

50 Geweihbaum *Gymnocladus dioicus* (L.) K. Koch (Fabaceae)

Nordöstliches bis südöstliches Nordamerika. Sommergrüner Baum mit kräftigen Zweigen. Der Name rührt von der bizarren Wuchsform der dicken,

Blick vom Sommerpalais nach Norden in die Tiefe des Parks mit Säulen-Eiche (Nr. 49), …

knorrigen Äste her. Blätter doppelt gefiedert. Grünlichweiße Blütenrispen im Mai/Juni. Langsam wachsend.

Pflanzjahr: 1875

»Es ist dieses einer der schönsten Bäume und jedenfalls der schönste unter denen mit gefiederten Blättern.«

51 Ungarischer Flieder *Syringa josikaea* J. Jacq. ex Rchb. (Oleaceae)
Ungarn, Ukraine, Rumänien. Rasch wachsender Großstrauch mit helllila/purpurnen Blütenrispen.

Pflanzjahr: circa 1915

»Eine zwar dem gemeinen Flieder ähnliche, aber dennoch sehr von allen andern abweichende Art, die wegen ihrer späten Blühte besonders willkommen ist.«

… Platane (Nr. 52) und Berg-Ahorn (Nr. 53)

52 Platane *Platanus x hispanica* Mill. ex Münchh. (Platanaceae)
▶ Vgl. Nr. 1
Kreuzung zwischen *Platanus occidentalis* und *Platanus orientalis*. In Deutschland seit 1770. Ahornähnliche Blätter. Weit ausladende Krone. Große, längliche, abblätternde Borkenplatten.
Pflanzjahr: circa 1810
»Die Platanen gehören zu den schönsten Bäumen für große Gärten und verschönernde Pflanzungen und sind die Lieblinge aller Völker, wo sie gedeihen. Kein Baum hat eine prächtigere Krone, eine dichtere, schönere Belaubung und angenehmen Schatten. […] Man pflanze sie nur frei oder in Gruppen und hainartig, einzeln nur im Vordergrunde.«

Zentrale Parkwiese mit (Amerikanischer) Rot-Eiche (Nr. 57) …

53 Berg-Ahorn *Acer pseudoplatanus* L. (Sapindaceae)

▶ Sorten vgl. Nr. 10, 81, 88

Mitteleuropa. Hellgrüne Winterknospen. Blütenrispen nach dem Blattaustrieb. Typische Plattenborke. Schwere, hochgewölbte große Krone. Zahlreich im Fürstlich Greizer Park vertreten.

Pflanzjahr: circa 1810

»Der Bergahorn steht als Park- und Waldbaum dem Spitzahorn gleich, denn was jener durch schöne Belaubung voraus hat, ersetzt dieser durch Größe und Gedeihen auch im Schatten, in den rauesten Gegenden und auf dem schlechten Boden […].«

… und Blut-Buche im Frühjahr

54 Gewöhnliche Fichte *Picea abies* (L.) H. Karst. (Pinaceae)
▶ Art vgl. Nr. 43
Sehr altes Exemplar mit besonderer Wuchsform. Eine der zahlreichen, heute
nicht mehr sicher nachbestimmbaren Wuchsformen der in unseren Mittel-
gebirgen heimischen Fichte. Sehr kurze, spitze Nadeln.
Pflanzjahr: circa 1830

Der Trompetenbaum
(Catalpa bignonioides)

Woher kommt der Name? Der Gattungsname stammt aus Nordamerika. Dort benannten die Indianer aus Carolina den Baum nach dem Namen ihres eigenen Volkes »Catawba«, was so viel wie »Leute vom Fluss« bedeutet.

Woher stammt er? Insgesamt sind aktuell elf Arten der Gattung *Catalpa* bekannt. Zu finden sind sie in Nordamerika, Kuba, Südwestchina und Tibet. Der Trompetenbaum (*Catalpa bignonioides*) im Fürstlich Greizer Park stammt aus den südöstlichen Regionen Nordamerikas. Er wurde von dem englischen Naturforscher Mark Catesby (1683–1749) 1726 nach England gebracht. Von dort aus verbreitete er sich dann auf dem europäischen Festland.

Wie sieht er aus? Wenn der Baum nicht gerade blüht, sind besonders die großen, bis zu 30 Zentimeter langen, herzförmigen und frischgrünen Blätter auffallend. Diese treiben relativ spät aus und fallen schon beim ersten Frost wieder ab. Die weißen Blüten sind im Schlund mit zwei orangen Streifen und purpurnen Flecken geziert und stehen in langen Rispen zusammen am Baum. Im Herbst zeigen sich bis zu 40 Zentimeter lange, kapselartige Früchte, die an Vanilleschoten erinnern. Diese Kapseln verbleiben während des Winters am Baum. Der Trompetenbaum kann bis zu 18 Meter hoch werden, wobei ältere Exemplare meistens breiter als hoch sind.

Wissenswertes Der *Catalpa* ist ein sehr schnell wachsender Baum, wird jedoch in der Regel nicht über 100 Jahre alt. Es gibt noch weitere Sorten, zum Beispiel die Sorte ›Nana‹, welche kleinwüchsig ist, oder auch die Sorte ›Aurea‹, die goldgelbe Blätter mit kupfrigem Austrieb besitzt.

Auffallend und exotisch – der Trompetenbaum (Nr. 55) mit seinen an Vanilleschoten erinnernden Früchten

55 Trompetenbaum *Catalpa bignonioides* Walter (Bignoniaceae)
s. auch S. 65
Südöstliches Nordamerika. Seit etwa 1726 in England nachgewiesen. Kurzer
Stamm mit breiter Krone. Große, herzförmige Blätter. Die weißen, stehenden
Blütenrispen erscheinen im Juli. Fruchtkapseln bis zu 40 Zentimeter lang.
Pflanzjahr: 1905
»*Die Trompetenbäume empfehlen sich durch prächtige große, beim Austreiben
rötliche Blätter und herrliche Blüthen für Gärten jeder Größe, besonders auch
kleine. […] Man pflanzt die Catalpen einzeln oder in kleinen Gruppen zusam-
men.*«

56 Vielblütige Ölweide *Elaeagnus multiflora* Thunb. (Elaeagnaceae)
China, Korea, Japan. Hoher, breitbuschiger Strauch mit sparrig abstehenden,
überwiegend dornlosen Trieben. Blätter dunkelgrün mit unterseits silbrig
glänzenden, braunen Schuppen.
Pflanzjahr: vor 1979

57 (Amerikanische) Rot-Eiche *Quercus rubra* L. (Fagaceae)
Osten und Mitte der Vereinigten Staaten. 1751 in Deutschland eingeführt.
Ovales und tief fiederlappiges Blatt, das sich im Herbst, je nach Sonnenstun-
den und Temperatur, orangerot bis scharlachrot verfärbt. Die Rot-Eiche ist

Blüte der Chinesischen Zierquitte (Nr. 59) im April

ein wichtiger Holzlieferant. Bereits 1873 wurden 350 Stück aus Muskau zur Anlage des Fürstlich Greizer Parks geliefert.

Pflanzjahr: circa 1960

»Diese Art wächst unter allen Eichen am härtesten und schnellsten, und verdient als einer der schönsten und nützlichsten Bäume die häufigste Anpflanzung, auch in waldigen Beständen.«

58 Orientalische Fichte *Picea orientalis* (L.) Peterm. (Pinaceae)
Dieses Exemplar ist der Nachfolger einer 1984 durch Blitzschlag zerstörten mächtigen Fichte gleicher Art.

Pflanzjahr: 1984 (circa 1875)

59 Chinesische Zierquitte *Chaenomeles speciosa* (Sweet) Nakai (Rosaceae)
China und Japan. Mittelhoher Strauch mit dichten, sparrig verzweigten, aufrechten Grundtrieben, im Alter breit ausladend mit zum Teil überhängenden dornigen Zweigen. Rosa bis dunkelrote Blüten, Früchte gelblichgrün, oft etwas gerötet.

Pflanzjahr: circa 1965

60 Feld-Ahorn (Maßholder) *Acer campestre* L. (Sapindaceae)

Europa, Nordafrika, Westasien. Starkwüchsiger Strauch, kleiner bis mittelgroßer Baum. Die Bezeichnung »Maßholder« kommt aus dem Westgermanischen (von »Matlu«, dem Begriff für »Speise«, denn die Blätter des Feld-Ahorns wurden in dieser Zeit wie Sauerkraut zubereitet).

Pflanzjahr: circa 1875

61 Blut-Buche *Fagus sylvatica* L. ›*Atropunicea*‹ (Fagaceae)

▶ Art vgl. Nr. 27, 95 und Sorten vgl. Nr. 11, 99

Rotlaubige Form der Rot-Buche. Blätter beim Austrieb fast schwarzrot. Durch Mutation entstanden, Vermehrung durch Veredelung. Aus Samen gezogen wird sie nur teilweise rotlaubig. Dieses Exemplar gehört zu den ältesten Bäumen im Fürstlich Greizer Park.

ø Stamm: 150 cm | Pflanzjahr: um 1800

»[Ein] äußerst effektvoller Baum, besonders im Gegensatz zu hellfarbigen, jedoch nur sparsam anzupflanzen, um den Kontrast nicht durch Überfüllung zu verderben.«

Blüte der Japanischen Zaubernuss (Nr. 62) im März

62 Japanische Zaubernuss
Hamamelis japonica Siebold &
Zucc. (Hamamelidaceae)
Japan. 1860 in Deutschland einge-
führt. Hoher Strauch mit trichterför-
migem, breit ausladendem Wuchs,
langsam wachsend. Lebhaft gelbe
Blüten mit purpurnem Kelch von Ja-
nuar bis März.
Pflanzjahr: circa 1910

63 Gurken-Magnolie *Magnolia
acuminata* (L.) L. (Magnoliaceae)
Wächst als laubabwerfender Baum
im Osten Nordamerikas (Bezeichnung in den USA: »cucumber tree«).
Der deutsche Name bezieht sich auf
die unregelmäßig gekrümmten, flei-

Die bizarre Blüte der Gurken-Magnolie (Nr. 63)

schigen Früchte. Kam in der ersten Hälfte des 18. Jahrhunderts nach England. Unscheinbare, grünliche Blüte.

Pflanzjahr: circa 1875

»Dieses ist die empfehlenswerteste Art für unsere Gegend, da sie älter nicht erfriert, und zugleich eine der schönsten, namentlich durch prächtige Belaubung.«

64 Baum-Hasel *Corylus colurna* L. (Betulaceae)

Südosteuropa, Kleinasien. Kräftiger Baum mit aufrechtem, durchgehendem Stamm und breiter Krone. Stamm und Äste oft schon in jungen Jahren mit rauer, korkartiger Rinde. Mit bizarr geformten, essbaren Nüssen.

Pflanzjahr: um 1960

»Die Byzantinische Haselnuß, welche eine schöne schmale pyramidale Krone bildet, verdient in jedem parkartigen Garten, wo man auf seltene Gehölze hält, einen Platz und verlangt guten tiefen Boden, sowie einen sonnigen Standort.«

65 Strauch-Kastanie *Aesculus parviflora* Walter (Sapindaceae)

Nordamerika. 1786 nach England eingeführt. Strauchartiger Wuchs, der sich durch unterirdische Ausläufer verbreitet. Die weißrosa Blüten mit ihren langgestielten Staubgefäßen entstehen erst im Juli.

Pflanzjahr: um 1960

»Dieser Strauch wird bei uns selten 5–6' [Fuß] hoch, blüht schon bei 2' [Fuß] Höhe und ist freistehend ein vorzüglicher Schmuck jedes Gartens.«

Rindenhaus (Schutzhütte)

An der Stelle des 1919 abgebrannten Schweizerhauses errichtete man ein Jahr später das sogenannte Rindenhaus. Nach den Anregungen Rudolph Reineckens entstand »eine kleine, offene Halle, die dem lustwandelnden Publikum bei plötzlich einsetzendem Regen Schutz gewähren könnte«. Seinen Namen erhielt das Rindenhaus aufgrund der rustikalen Verkleidung aus Fichtenbrettern, auf denen die Rinde belassen wurde. 1961 wurde das alte, baufällige Rindenhaus durch eine schlichte Schutzhütte ersetzt. Im Anschluss an die Sanierung des Baus im Jahr 2001 wurde das Umfeld nach Plänen Reineckens aus dem Jahr 1920 wiederhergerichtet. Höhepunkt ist das

Gewöhnliche oder Wald-Kiefer (Nr. 66) auf der Koniferen-Steininsel im Parksee

vor der Hütte gelegene ovale Blumenbeet mit verschiedenen Rosensorten aus der Zeit vom Anfang des 20. Jahrhunderts, wie etwa der Hochstammrose ›Minnehaha‹ und den Beetrosen ›Rotkappchen‹ und ›Gloire des Polyanthas‹. Ergänzt wurde die Pflanzung nach historischem Vorbild mit weißen Rhododendren und Lavendel.

66 Gewöhnliche Kiefer (Wald-Kiefer) *Pinus sylvestris* L. (Pinaceae)
Europa, Nordasien.
Hinweis: Der Baum selbst trägt keine Nummer. Er steht mittig auf der Koniferen-Steininsel, westlich von Nr. 68.
Pflanzjahr: 1950er Jahre

Die Sumpfzypresse (Taxodium distichum)

Woher kommt der Name? Der deutsche Name beschreibt den ursprünglichen und auch bevorzugten Wuchsort des Baums in Sumpfgebieten und Flussniederungen. Die Fähigkeit, mitunter mehrere Monate lang mit der Stammbasis und den Wurzeln im Wasser stehen zu können, verdankt der Baum dem Umstand, dass er sogenannte Atemknie ausbilden kann.

Woher stammt sie? Im südöstlichen Nordamerika und in Mexiko sind drei Arten von Sumpfzypressen bekannt. Die nordamerikanische Art *Taxodium distichum*, die auch im Fürstlich Greizer Park steht, kommt von Delaware bis Texas und von Mississippi nordwärts bis Missouri vor.

Wie sieht sie aus? Der bis zu 40 Meter hohe und bis zu 10 Meter breite Baum wächst kegelförmig. Der gerade Stamm läuft bis in die Spitze und ist mitunter stark gegen den Uhrzeigersinn gedreht.

Ältere Bäume bilden sogenannte Atemknie aus. Darunter versteht man oberirdische, bis zu 30 Zentimeter dicke und bis zu einem Meter hohe, aus dem Wasser beziehungsweise dem feuchten Boden herausragende Wurzeln. Neben ihrer Stützfunktion sind diese Atemknie auch für den Sauerstoffaustausch verantwortlich. Sie werden von Bäumen ausgebildet, die im Wasser oder in feuchten, schlammigen Böden stehen.

Die sommergrünen, wechselständigen Nadeln haben eine frische hellgrüne Farbe und verfärben sich im Herbst rotbraun. Sie fallen zusammen mit den Kurztrieben ab. Nach einer unauffälligen Blüte erscheinen zwei bis drei Zentimeter große, zunächst grüne und dann später braune, eiförmige Zapfen.

Wissenswertes In ihrer Heimat können Sumpfzypressen ein Alter von weit mehr als 700 Jahren erreichen. In der mexikanischen Stadt Santa Maria del Tule steht ein *Taxodium mucronatum* mit einem Alter von etwa 1400 bis 1600 Jahren. Mit einem Stammdurchmesser von circa 14 Metern soll er der dickste Baum der Welt sein.

Die markanten Wurzelknie der Sumpfzypresse (Nr. 68) am Parksee

»Dieser allbekannte Baum, welcher sich für große Gärten und freie Pflanzungen eignet, ist unschätzbar für Sandboden, wird aber durch häufige Anpflanzungen für die landschaftliche Schönheit nachteilig, da er bis zu einer gewissen Größe wirklich häßlich [...] ist. Nur sehr alte Bäume, welche frei gestanden haben, [...] sind schön.«

67 Ungarische Eiche *Quercus frainetto* Ten. (Fagaceae)
Süditalien, Balkan, Türkei. Seit 1739 in England, ab 1773 in Deutschland nachgewiesen. Blätter mit tief gebuchteten Lappen mit parallelen Kanten.
Pflanzjahr: circa 1875

68 Sumpfzypresse *Taxodium distichum* (L.) Rich. (Cupressaceae)
s. auch S. 73
Nordamerika. Ab 1640 in England bekannt. Sommergrüner Nadelbaum.
Auffallend sind die oberirdischen Wurzelhöcker, die der Verankerung in

sumpfigem Boden dienen. Die Wurzeln und Wurzelhöcker der Sumpf-zypresse sind sehr empfindlich und können leicht Schaden nehmen.

Pflanzjahr: circa 1875

»Ein reizender Baum, der jedoch nur auf Sumpfboden oder am Wasser gut gedeiht. Sofort als Nadelholzbaum in die Augen fallend, erscheint er doch in der hellgrünen Belaubung.«

69 Kuchenbaum *Cercidiphyllum japonicum* Siebold & Zucc.
ex J. J. Hoffm. & J. H. Schult. bis (Cercidiphyllaceae)
Japan. 1864 von Philipp Franz von Siebold (1796–1866) in Europa eingeführt. Baumartige, meist mehrstämmige Großsträucher. Blüten zweihäusig ver-teilt, blüht vor dem Laubaustrieb. Blattform wie diejenige des Judasbaums (*Cercis*). Bei Feuchte duftet das gelbe Herbstlaub kuchenartig süß.

Pflanzjahr: circa 1915

70 Schwarz-Erle *Alnus glutinosa* (L.) Gaertn. (Betulaceae)
Europa, Kaukasus bis Sibirien. Derbe, dunkelgrüne Blätter. Schwarzbraune Rinde und rötliches Holz. Wird auch als »Rot-Erle« bezeichnet.

Pflanzjahr: circa 1915

»Dieser allbekannte Baum ist einer der dunkelsten in Park und Landschaft, daher auch schön in Gruppen als Hintergrund für hellere Bäume.«

Hammerwiesen

Die von jeher landwirtschaftlich genutzten Hammerwiesen bilden den Übergang vom landschaftlich gestalteten Park in das sich nach Nordwesten fortsetzende Tal der Weißen Elster. Um 1790 wurde auf den Hammerwiesen unter anderem die sogenannte Hammerscheune errichtet. Der schieferge-deckte Holzbau mit einer barockisierenden Turmhaube als Dach diente der Lagerung von Heu und der Unterbringung von Geräten. Aufgrund von Bau-fälligkeit wurde die Hammerscheune 1989 abgerissen und 1991 originalge-treu wiederaufgebaut. Die Anlagen des östlich am Krümmebach gelegenen Fischhauses aus dem 19. Jahrhundert dienten der Fischhaltung nach dem Abfischen des Binsenteichs. Heute prägen die Säume aus Schwarz-Erlen (*Alnus glutinosa*) und Silber-Weiden (*Salix alba*) an den Gräben und Teichen

Blick auf die artenreichen Hammerwiesen mit Hammerscheune und Weißem Kreuz

die landschaftliche Gestalt der Hammerwiesen. Die kontinuierliche Pflege und Wiesenbewirtschaftung führten dazu, dass sich hier im Laufe der Jahrhunderte ein Lebensraum für seltene Tier- und Pflanzenarten, wie zum Beispiel den Kammmolch (*Triturus cristatus*) oder das Breitblättrige Knabenkraut (*Dactylorhiza majalis*), entwickelte.

71 Amerikanische Weiß-Esche *Fraxinus americana* L. (Oleaceae)
Nordamerika. Mittelgroßer Baum mit stark aufrechtem, kompaktem Wuchs. Getrenntgeschlechtlicher Baum mit auffallender purpurroter bis gelber Herbstfärbung.
Pflanzjahr: 1935

72 Sal-Weide *Salix caprea* L. (Salicaceae)
Europa bis Ostasien. Großer Strauch bis kleiner Baum mit massiger Krone. Überhängende Zweige mit an der Unterseite grau-filzig behaarten Blättern. Blüte im März, vor dem Laubaustrieb. Wichtige Bienenweide.
Pflanzjahr: 1970

73 Rotblühende Rosskastanie *Aesculus x carnea* Hayne (Sapindaceae)
Erstmals circa 1818 in Deutschland vorgenommene Züchtung aus *Aesculus hippocastanum* und *Aesculus pavia*. Eine Besonderheit sind die auffallend rotgefärbten Blütenrispen.
Pflanzjahr: 1950
»*Einer der schönsten und beliebtesten Bäume für Gärten und Stadtanlagen, besonders als Alleebaum geschätzt, […] die Blumen lebhaft roth […].*«

74 Maacks Heckenkirsche *Lonicera maackii* (Rupr.) Maxim.
(Caprifoliaceae)
Nördliches Ostasien. Großer, breitbuschiger Strauch. Die zuerst weißen, im Verblühen dann gelblichen Blüten stehen paarweise aufgereiht auf den fast waagerechten Zweigen, entsprechend im Herbst auch die blutroten Beeren. Sehr dekorativ, aber giftig.
Pflanzjahr: um 1930

Blüte des Breitblättrigen Knabenkrauts auf den Hammerwiesen

Seufzerallee

Die sogenannte Seufzerallee wurde wohl im Zuge der landschaftlichen Umgestaltung des Fürstlich Greizer Parks in der zweiten Hälfte des 18. Jahrhunderts angelegt. Bei dieser entlang der Weißen Elster verlaufenden Allee aus Winter-Linden (▶ vgl. Nr. 30) handelt es sich um eine »bedeckte Allee«, deren Kronendach ursprünglich dicht geschlossen war, so dass sie von ferne wie eine grüne Wand wirkte. Auffallend ist ihr geschlängelter Verlauf – ein charakteristisches Gestaltungsmittel früher landschaftlicher Gartenkunst. Damit gehört die Seufzerallee im Fürstlich Greizer Park zu den seltenen originalen Zeugnissen europäischer Gartengestaltung am Ende des 18. Jahrhunderts. Aufgrund des schlechten Zustands der Bäume erfolgten 2005 umfangreiche Sicherungs- und Vitalisierungsmaßnahmen. Ein vollständiger Ersatz der Allee kam aufgrund ihres Denkmalwerts nicht in Betracht.

75 Weidenblättrige Birne *Pyrus salicifolia* Pall. (Rosaceae)
Kaukasus. Kleiner Baum mit kurzem, häufig drehwüchsigem Stamm, waagerecht ansetzenden, oft knieförmig abwärtsgebogenen Hauptästen und malerisch weit herabhängender, sehr dichter, graufilziger Bezweigung. Weiße Doldenblüten.
Pflanzjahr: circa 1925

76 Amerikanischer Amberbaum *Liquidambar styraciflua* L. (Altingiaceae)
Östliches Nordamerika. Schmaler, pyramidaler Wuchs, später eiförmig. Die jungen Zweige sind gelbgrün und verfärben sich später rotbraun, ältere Äste weisen manchmal Korkleisten auf. Intensive, jedoch stark variierende Herbstfärbung: weinrot mit gelb, orange und violett in allen Farbnuancen.
Pflanzjahr: circa 1925
»In den meisten Gegenden ein vollkommen harter Baum von 50–60′ [Fuß] Höhe, dessen große Schönheit viel häufiger zu Anpflanzung Veranlassung geben sollte, denn bis jetzt gehört er zu den seltteneren Gehölzen in den Gärten.«

77 Gewöhnliche Rosskastanie *Aesculus hippocastanum* L. (Sapindaceae)
Balkan. Ab dem Ende des 16. Jahrhunderts in Deutschland eingeführt.

Schwere, schattige Krone. Fünf- bis siebenfingrige Blätter. Klebrige Knospen und weiße, gelb-rot gefleckte, aufrechte Blütenrispen im Mai/Juni.

Pflanzjahr: circa 1915

»Die Roßkastanie ist einer der schönsten Bäume für Park, Stadtanlagen und Alleen, erfreut durch zeitiges volles Grün und herrliche große Blumen, welche wie Lichter auf einem Christbaume stehen [...]. Die Früchte werden vom Wild und Schafen gern gefressen, deshalb pflanzt man Roßkastanien gern in Thiergärten, auf Waldlichtungen und bei Schafhöfen.«

78 Trauer-Birke *Betula pendula* Roth ›Youngii‹ (Betulaceae)
Sorte mit unregelmäßigem und unordentlichem Wuchs, schirmförmiger, unregelmäßiger und breiter Krone sowie senkrecht herunterhängenden Ästen.
Pflanzjahr: 1985

79 Gelbblühende Rosskastanie *Aesculus flava* Soland. (Sapindaceae)
USA. Vor 1764 nach England eingeführt. Baum oder Großstrauch. Die Knospen kleben nicht. Gelbe, kleinere Blüten, Früchte ohne Stacheln (gif-

tig). Aufgrund eines tiefen Stammrisses mussten bei diesem Exemplar mehrere Sicherungsmaßnahmen durchgeführt werden. Das Ziel ist der möglichst lange Erhalt des Baums unter weitgehender Schonung seiner natürlichen Wuchsform.

Pflanzjahr: circa 1875

»Ein schöner Baum mit hellgrüner Belaubung und breiter Krone, im Bau von der gemeinen Kastanie ganz abweichend, [...]; auch hat er sehr unansehnliche Blüthen.«

Blüte der Gelbblühenden Rosskastanie
(Nr. 79)

80 Schneeglöckchenbaum
Halesia carolina L. (Styracaceae)
Nordamerika. Seit 1724 in England
nachgewiesen. Strauch oder kleiner
Baum. An den Zweigen aufgereiht
hängen im April/Mai langgestielte
weiße Glockenblüten. Vierflügelige
Früchte.
Pflanzjahr: circa 1925
*»Die Halesien sind mittelhohe Sträu-
cher mit recht hübschen Blüthen, ei-
genthümlichem, sehr ausgebreitetem
Wuchs und einer sehr von anderen
abweichenden Belaubung, was, ver-
bunden mit den meist reichlich vorhandenen zierenden Früchten, ihnen
einen guten Platz in jedem Garten
zusichert, wo man sich nicht mit dem
Gewöhnlichen begnügt.«*

Die charakteristische Blüte des Schneeglöckchen-
baums (Nr. 80) am westlichen Ufer des Parksees

81 Spitz-Ahorn *Acer platanoides* L. ›*Schwedleri*‹ (Sapindaceae)
▶ Art vgl. Nr. 53 und Sorten vgl. Nr. 10, 88
Gleich wie die Art, jedoch im Blattaustrieb braunrot und erst später dunkel-
grün. Blütenrispen ockerbraun.
Pflanzjahr: 1915

82 Sumpf-Eiche *Quercus palustris* Münchh. (Fagaceae)
Östliches Nordamerika. 1770 erstmals in Europa nachgewiesen. Blätter tief
und spitz gelappt, Herbstfärbung rotbraun bis lebhaft rot.
Pflanzjahr: circa 1997
*»Eine der schönsten Scharlacheichen und die zierlichste durch den fast pyra-
midalen Kronenbau und Belaubung, welche im Herbst prächtig roth wird.«*

Blüte des Pfeifenstrauchs (Nr. 84) Anfang Juni

83 Hainbuche *Carpinus betulus* L. (Betulaceae)
Mitteleuropa bis Iran. Baum mit lichter Krone und rundkantigem Stamm mit glatter Rinde. Oft schlangenhautartig gezeichnet. Blattränder doppelt gesägt. Wegen des sehr hellen Holzes auch als »Weiß-Buche« bezeichnet. Dieses Exemplar im Fürstlich Greizer Park steht direkt hinter der sogenannten Fürstenquelle. Die künstlich angelegte Quelle wird über das Grundwasser gespeist und läuft daher nicht immer.
Pflanzjahr: circa 1885

84 Pfeifenstrauch *Philadelphus coronarius* L. (Hydrangeaceae)
Südeuropa, Kaukasus. Blütenreicher Strauch. Blüten gelblichweiß und stark duftend. Wird auch als »Falscher Jasmin« bezeichnet.
Pflanzjahr: circa 1925
»Allbekannter schöner, aber zu häufig angepflanzter Strauch.«

85 Abendländischer Lebensbaum *Thuja occidentalis* L. (Cupressaceae)
▶ Vgl. Nr. 32
Die Besonderheit bei diesem Exemplar ist die vor allem im 19. Jahrhundert gern praktizierte sogenannte Büschel- oder Mehrlingspflanzung. Dabei wur-

Teil der Eichengruppe (Nr. 89) des frühen 19. Jahrhunderts im Zentrum des Parks

den mehrere Jungpflanzen (in der Regel drei bis sieben Stück meist einer Art) in ein gemeinsames Pflanzloch gesetzt. Hierdurch sollte ihre charakteristische Wirkung verstärkt werden.

Pflanzjahr: circa 1885

86 Armands Kiefer *Pinus armandii* Franch. (Pinaceae)

China, Taiwan, Nord-Myanmar. Eine in China beliebte Zierpflanze, welche ausgewachsen eine Höhe von bis zu 35 Metern erreicht. Die Stammborke, anfangs glatt und grau, zerbricht im Alter zu mehr oder weniger rechteckigen Platten. Die Zapfen wachsen in langgezogenen Gruppen an jungen Trieben.

Pflanzjahr: um 1999 (1875)

Luftbrücke

Die sogenannte Luftbrücke ist seit Anfang des 18. Jahrhunderts als Verbindung vom Park zum gegenüberliegenden Ufer der Weißen Elster nachweisbar. Dort befanden sich ebenfalls zum Park gehörende, landschaftlich gestaltete Bereiche, wie etwa die »Neue Welt« mit der Trödenwiese und der Hirschkirche, eine Grotte sowie das »Tal der Elften Stunde«. Die Luftbrücke bestand aus einer Holzkonstruktion, die zum Schutz vor Hochwasser und Eis während der Wintermonate abgebaut wurde – sich also sozusagen ›in Luft auflöste‹. Das eigentliche Brückenbauwerk musste im Laufe der Zeit mehrmals erneuert werden. Seit 1930 ersetzt eine massive Konstruktion die Luftbrücke, die zuletzt 2005 grundlegend neugestaltet wurde.

87 Trauer-Weide *Salix alba* L. ›*Tristis*‹ (Salicaceae)

Sorte der Silber-Weide mit sehr dünnen, hängenden Trieben. 1815 in Bern erstmals erwähnt. Markanter Standort an der sogenannten Luftbrücke am Ufer der Weißen Elster.
Pflanzjahr: circa 1970
»*Die Baumweiden pflanze man auch vereinzelt auf Rasen, besonders die Trauerweide […] besonders an Ufern.*«

88 Berg-Ahorn *Acer pseudoplatanus* L. ›*Purpurascens*‹ (Sapindaceae)

▶ Art vgl. Nr. 53 und Sorten vgl. Nr. 10, 81
Sorte des Berg-Ahorns mit rotem Laubaustrieb. Die Blätter sind auf der Oberseite dunkelgrün, auf der Unterseite rosa bis purpurrot.
Pflanzjahr: 1996

89 Stiel-Eiche *Quercus robur* L. (Fagaceae)

▶ Art vgl. Nr. 18, 28 und Sorten vgl. Nr. 23, 49
Dieses Exemplar steht in einer malerischen Gruppe von insgesamt elf Stiel-Eichen etwa gleichen Alters. Bereits auf dem Plan des Fürstlich Greizer Parks von Johannes Steiner aus dem Jahr 1831 ist hier eine Gruppe von zwölf Exemplaren dargestellt. Zählt man den südlich des Weges befindlichen Stumpf mit, stimmt die Anzahl noch heute mit derjenigen aus dem historischen Plan überein.
Pflanzjahr: vor 1830

Blüte des Gemeinen Goldregens (Nr. 90) Anfang Mai

90 Gemeiner Goldregen *Laburnum anagyroides* Medik. (Fabaceae)
Südeuropa. Seit dem 16. Jahrhundert in Kultur. Großer Strauch mit gelben
Blütentrauben. Die Blüten und Früchte sind giftig.
Pflanzjahr: um 1800
»Dieß ist die schönste, verbreitetste Art, der wahre Goldregen, welcher so beliebt ist, daß er keiner besonderen Empfehlung bedarf. [...] Man pflanze ihn frei auf Rasen oder so in Gesträuchergruppen, daß er frei zu stehen kommt, denn von Büschen gleicher Höhe umgeben geht seine Schönheit verloren.«

91 Gewöhnliche Schneebeere *Symphoricarpos albus* (L.) S. F. Blake
(Caprifoliaceae)
Nordamerika. Typischer Parkstrauch, bis zu zwei Meter hoch wachsend.
»Ein in allen Gärten mit Gebüsch häufiger dunkelbelaubter schöner Str., welcher durch seine unbegrenzte Fähigkeit, Ausläufer zu bilden, lästig werden kann und bessere Gehölze verdrängt. Besonders im Herbst mit weißen Früchten schön. Gute Pflanze für Schatten und unter Bäume.«

92 Gold-Esche *Fraxinus excelsior* L. ›Aurea‹ (Oleaceae)

▶ Art vgl. Nr. 94 und Sorte vgl. Nr. 12

Sorte der Gewöhnlichen Esche mit gelblichgrünen, im Herbst goldgelben Laubblättern. Die jungen Zweige sind gelb. Schwach wachsender Baum.

Pflanzjahr: circa 1985

93 Götterbaum *Ailanthus altissima* (Mill.) Swingle (Simaroubaceae)

Japan, China, Korea. Um 1750 in Europa eingeführt. Zweihäusig bis zwittrig (polygam), männliche Blütenrispen unangenehm riechend. Die Blätter sind unpaarig gefiedert. Schneller Wuchs und später Laubaustrieb.

Pflanzjahr: 1915

»Ein schöner beliebter Parkbaum mit aufwärts strebenden Ästen und breiter Krone und prächtig gefiederten Blättern, für tiefen, besonders sandigen Boden geeignet, wo er rasch empor wächst, […].«

94 Gewöhnliche Esche *Fraxinus excelsior* L. (Oleaceae)

▶ Sorten vgl. Nr. 12, 92

Europa bis Nordasien. Breitovale bis runde Krone. Kurz vor der Blattentwicklung blüht die Gewöhnliche Esche unscheinbar. Der Blüte bei weiblichen Bäumen folgen geflügelte Nussfrüchte.

Pflanzjahr: circa 1800

»[Das] gute Gedeihen unter verschiedenen Verhältnissen würde die Esche zu einem der wertvollsten Parkbäume machen, wenn auch nicht große Schönheit ihn zur allgemeinen Anpflanzung bestimmen müßte.«

Rotunde

Auf Anordnung Heinrichs XI. Reuß Älterer Linie wurde 1787 im nördlichen Teil des Lustgartens am Sommerpalais die Rotunde errichtet. Sie markierte den östlichen Endpunkt der Längsachse im Rasenparterre. In dem Barockgebäude bewahrte man eine wertvolle japanische Porzellansammlung auf. 1822 folgte der Umbau zu einer katholischen Kapelle für Fürstin Gasparine. Zuletzt brachte man hier 1926 ein Ehrenmal für die Gefallenen des Ersten Weltkriegs unter. Die bis heute dort vorhandene Großplastik stammt von dem Dresdner Bildhauer Karl Albiker (1878–1961).

Rotunde mit ihrem wiederhergestellten Vorplatz

95 Rot-Buche *Fagus sylvatica* L. (Fagaceae)

s. auch S. 91

▶ Art vgl. Nr. 27 und Sorten vgl. Nr. 11, 61, 99

Mitteleuropa, Kaukasus. Große, gewölbte Krone und glatter, hellgrauer
Stamm. Der Austrieb ist zartgrün, die Herbstfärbung gelb, rot und braun.
Dieses Exemplar ist einer der ältesten Bäume im Fürstlich Greizer Park.
Grundsätzlich werden aus denkmalpflegerischer und naturschutzfachlicher
Sicht Altbäume im historischen Park so lange wie möglich erhalten. Wegen
Pilzbefalls und infolge starker Schwächung der Kronenstabilität musste
diese Buche 2016 stark zurückgeschnitten werden. Um den Baum noch mög-
lichst lange zu erhalten und zugleich die Verkehrssicherheit für die Parkbe-
sucher zu gewährleisten, wurden zusätzliche Trag- und Haltesicherungen
eingebaut.

ø Stamm: 195 cm | Pflanzjahr: circa 1800

Die Vielfalt der Rot-Buchen (Fagus sylvatica)

Woher kommt der Name? Die Rot-Buche, botanisch *Fagus sylvatica*, hat ihren deutschen Namen der rötlichen Färbung ihres Holzes zu verdanken (als etwas irreführend erweist sich dabei, dass alle Rot-Buchen mit rot gefärbten Blättern zur Varietät »Blut-Buche« gezählt werden). Der Gattungsname *Fagus* hat seinen Ursprung im griechischen Wort φαγεῖν (»phagein«; dt.: »essen«). Dies bezieht sich auf die essbaren Früchte.

Woher stammt sie? Die Rot-Buche ist ein in weiten Teilen Europas heimischer Laubbaum, der ein Alter von 300 bis 400 Jahren erreichen kann. Er tritt in vielen Spielarten auf: Hierzu zählen verschiedene Wuchsformen, Blattfarben und Blattformen. Bei kaum einer anderen Baumart gibt es so zahlreiche Sorten.

Wie sieht sie aus? Die Rot-Buche ist ein mächtiger, breit- bis rundkroniger Baum, der bis zu 30 Meter und höher werden kann. Seine unauffälligen Blütenkätzchen blühen im Mai, danach erscheinen jeweils zwei einsamige Nüsse, die auch als »Bucheckern« bekannt sind.

Wissenswertes Im Fürstlich Greizer Park sind folgende Sorten vertreten:
›*Atropunicea*‹: Die sogenannte Blut-Buche besitzt beständig rote Blätter, die im Austrieb schwarzrot sind und sich im Herbst intensiv braunrot verfärben. Sämlinge dieser Sorte sind sehr variabel in der Blattfärbung und können im Laufe des Sommers vergrünen.
›*Pendula*‹: Die Hänge-Buche wird mit bis zu 25 Metern nicht ganz so groß. Mit wellig aufragend wachsenden Ästen, deren Zweige senkrecht nach unten hängen, stellt diese Sorte im Alter eine imposante Erscheinung dar.
›*Roseomarginata*‹: Hierbei handelt es sich um eine zweifarbige Sorte, deren Blätter zu Beginn dunkelpurpurrot erscheinen, später aber einen unterschiedlich breiten rosafarbenen Rand ausbilden. Diese Sorte bleibt kleiner als die Art und wird nur bis zu 15 Meter hoch.

96 Japanische Nelken-Kirsche *Prunus serrulata* Lindl. ›*Kanzan*‹ (Rosaceae)
China. 1822 in einer Sorte erstmals nach London eingeführt. Trichterförmige Krone. Sehr große und breite gefüllte rosa Blüten.
Pflanzjahr: um 1910

97 Geschlitzter Silber-Ahorn *Acer saccharinum* L. ›*Wieri*‹ (Sapindaceae)
Ursprüngliche Verbreitung in Nordamerika, um 1730 nach England eingeführt. Diese Sorte wurde 1869 von dem belgischen Botaniker André Pascal Alexandre De Vos (1834–1889) in den Niederlanden erstmals beschrieben. Eleganter, überhängender Wuchs und tief eingeschnittene, fast fadenförmige Blätter.
Pflanzjahr: circa 1950

98 Gold-Ulme *Ulmus x hollandica* Mill. ›*Wredei*‹ (Ulmaceae)
Um 1877 von Garteninspektor Josef Wrede (1831–1912) in Alt-Geltow selektiert. Häufige Gartenform mit einer straff aufrechten Krone. Auffallend goldgelbe Blattfarbe, die im Frühjahr sehr intensiv ist. Dieses Exemplar ist der Nachfolger einer früheren Pflanzung aus der Zeit um 1950.
Pflanzjahr: 2019 (1950)

99 Rosa-dunkelrote Buche *Fagus sylvatica* L. ›*Roseomarginata*‹ (Fagaceae)
▶ Art vgl. Nr. 27, 95 und Sorten vgl. Nr. 11, 61
Ähnlich der Blut-Buche, jedoch kleiner im Wuchs. Eine Besonderheit stellt bei dieser Sorte das dekorative dunkelrote Blatt dar, welches rosa Aufhellungen an den Blatträndern und auf der Blattfläche besitzt.
Pflanzjahr: circa 1950

100 Chinesischer Flieder *Syringa x chinensis* Willd. (Oleaceae)
Kreuzung zwischen *Syringa persica* und *Syringa vulgaris*. 1774 entstanden. Lockerer Strauch mit malerisch ausladenden, überhängenden Zweigen. Lilarosa Blütenrispen im Mai/Juni.
Pflanzjahr: circa 1925
»*Ein allbekannter und verbreiteter Strauch, welcher die größten Blüthenrispen unter allen, aber keineswegs einen für jedermann angenehmen Geruch hat.*«

Prächtige alte Rot-Buche (Nr. 95) westlich der Rotunde.
Einer der ältesten Bäume im Fürstlich Greizer Park

Gartendenkmalpflegerische Zielstellung für den Fürstlich Greizer Park

Im Jahr 1873 wurde der Grundstein für das heutige Erscheinungsbild des Fürstlich Greizer Parks gelegt. Mit der Anstellung Rudolph Reineckens als Hofgärtner begann eine Zeit der Neu- und Umgestaltung. Es entstanden intensiv gestaltete Bereiche im Umfeld des Sommerpalais, der durch Ziergehölze aufgewertete Pleasureground und der weitläufige landschaftliche Bereich. Reinecken blieb der Anlage 50 Jahre lang als Gartenkünstler erhalten und schied 1923 als Parkdirektor aus dem Dienst aus.

Im Anschluss erfolgten eine relativ kontinuierliche Pflege und Instandhaltung der Parkanlage. Dem konnten auch Krieg und Hochwasser keinen Abbruch tun. Allerdings verwischten natürliche Sukzession und Überalterung der Gehölzbestände das historische Erscheinungsbild.

Zu Beginn der 1980er Jahre entstand durch Christa Bretschneider die erste Rahmenzielstellung. Diese stellte die unter Reinecken entstandene, qualitativ sehr hochwertige Anlage als Leitbild heraus, da der Park und insbesondere die Bereiche Blumengarten und Pleasureground ihren Charakter bewahren konnten und keiner umfassenden gestalterischen Veränderung unterlagen.

Die Stiftung Thüringer Schlösser und Gärten übernahm 1994 das Sommerpalais und den umgebenden Park. Die denkmalpflegerische Zielstellung wird seit 1996 vom Landschaftsarchitekten Helmut Wiegel fortgeschrieben, aktualisiert und in Teilbereichen weiter detailliert. Diese Zielstellung ist das verbindliche Instrument, mit dessen Hilfe die historische Anlage erhalten und restauriert werden kann. Hier finden sich Antworten auf spezielle Fragen in Bezug auf Eingriffe und Planungen. Außerdem werden darin verbindliche Maßnahmen für die Pflege und Unterhaltung des Objekts festgelegt.

Das Ziel der gartendenkmalpflegerischen Zielstellung für den Fürstlich Greizer Park besteht darin, die Anlage in ihrem Aussehen und ihrer Wirkung zu erhalten und gemäß der Konzeption von Rudolph Reinecken zu pflegen. Um diese möglichst genau abzubilden, bedarf es auch gründlicher Recherche und Analyse der Archivalien. Die historische Entwicklung der Anlage wird anhand von Schriften, Plänen und Fotos nachvollzogen. So sind etwa die Pläne Reineckens für die Umgebung des Sommerpalais, das Pinetum und den Binsenteich erhalten, die wichtige Quellen für eine Wiederherstellung des Parks sind.

Nach mehrjährigen Instandsetzungsmaßnahmen war das Ziel der Wiederherstellung der Anlage im Mai 2013 größtenteils erreicht, doch war sie nur wenige Wochen später von einem verheerenden Hochwasser der Weißen Elster betroffen. Etwa die Hälfte des Parks wurde dabei überspült, zahlreiche Wege bis in den Untergrund zerstört und Rasenflächen verschwanden unter Schlamm und Geröll. Die kurz zuvor angelegten Beete im Blumengarten waren kaum noch vorhanden und auch die Bewässerungsanlage wurde beschädigt. Die Wucht des Wassers entwurzelte zwei Eichen und zahlreiche Sträucher.

Es dauerte fünf Jahre, um die großen Schäden zu beseitigen, so dass der Fürstlich Greizer Park dank der ausführlichen denkmalpflegerischen Zielstellung und der umfangreichen Vorarbeiten seit 2018 wiederhergestellt ist.

So zeigen die gartenkünstlerisch besonders aufwendig angelegten Areale um das Sommerpalais heute wieder die von Reinecken konzipierte Gestaltung, auch das Pinetum konnte inzwischen nach seinen Plänen wiedererstehen. Trotz dieser bedeutenden gartendenkmalpflegerischen Etappen bei der Wiederherstellung und Entwicklung des Fürstlich Greizer Parks bleiben auch für die Zukunft weitere Teilbereiche der über 40 Hektar umfassenden Anlage zu bearbeiten, deren Instandsetzung und Pflege umfangreiche gärtnerische Anforderungen an die Stiftung Thüringer Schlösser und Gärten stellen werden.

Der Fürstlich Greizer Park weist eine Vielzahl an botanischen Besonderheiten auf, die in dieser Häufung in Thüringen ihresgleichen suchen. Die Deutsche Dendrologische Gesellschaft e.V. führt derzeit 20 Rekordbäume aus dem Fürstlich Greizer Park in ihrer Liste der »Champion Trees« (www.championtrees.de). Auch dies ist uns Verpflichtung, das gartenhistorische Erbe sorgfältig zu bewahren.

Verzeichnis der Pflanzennamen

Acer pseudoplatanus L.
›Purpurascens‹ 86
Acer saccharinum L. ›Wieri‹ 93
Aesculus flava Soland. 80
Aesculus hippocastanum L. 78
Aesculus parviflora Walter 70
Aesculus x carnea Hayne 77
Ailanthus altissima (Mill.)
Swingle 88
Alnus glutinosa (L.) Gaertn. 75
Betula pendula Roth ›Youngii‹
80
Buxus sempervirens L. 48
Callitropsis nootkatensis
(D. Don) Oerst. 52
Callitropsis nootkatensis
(D. Don) Oerst. ›Pendula‹ 52
Calycanthus floridus L. 41
Carpinus betulus L. 83
Catalpa bignonioides Walter 66
Cercidiphyllum japonicum
Siebold & Zucc. ex J. J.
Hoffm. & J. H. Schult. bis 75
Chaenomeles speciosa (Sweet)
Nakai 67
Chamaecyparis lawsoniana
(A. Murray bis) Parl. 53
Chamaecyparis obtusa (Siebold
& Zucc.) Endl. 56
Chamaecyparis pisifera (Siebold
& Zucc.) Endl. ›Filifera‹ 35
Chamaecyparis pisifera (Siebold
& Zucc.) Endl. ›Plumosa‹ 53
Cornus alba L. ›Elegantissima‹
41
Corylus avellana L. ›Fuscorubra‹
42
Corylus colurna L. 70
Elaeagnus multiflora Thunb. 66
Euonymus europaeus L. 33
Fagus sylvatica L. 45, 89

Fagus sylvatica L. ›Atropunicea‹
68
Fagus sylvatica L. ›Pendula‹ 35
Fagus sylvatica L. ›Roseomargi-
nata‹ 93
Fraxinus americana L. 76
Fraxinus excelsior L. 88
Fraxinus excelsior L. ›Aurea‹ 88
Fraxinus excelsior L. ›Pendula‹
35
Ginkgo biloba L. 53
Gleditsia triacanthos L. 37
Gymnocladus dioicus (L.) K.
Koch 58
Halesia carolina L. 81
Halimodendron halodendron
(Pall.) Voss 42
Hamamelis japonica Siebold &
Zucc. 69
Ilex aquifolium L. 34
Juniperus x pfitzeriana (Späth)
P. A. Schmidt ›Wilhelm
Pfitzer‹ 52
Kalmia latifolia L. 33
Laburnum anagyroides Medik.
87
Liquidambar styraciflua L. 78
Liriodendron tulipifera L. 41
Lonicera maackii (Rupr.) Maxim.
77
Magnolia acuminata (L.) L. 69
Magnolia x soulangeana
Soul.-Bod. 31
Mahonia aquifolium (Pursh)
Nutt. 37
Malus mandshurica (Maxim.)
Kom. ex Skvortsov 33
Metasequoia glyptostroboides Hu
& W. C. Cheng 49
Philadelphus coronarius L. 83
Picea abies (L.) H. Karst. 63

Picea abies (L.) H. Karst.
›Virgata‹ 56
Picea omorika (Pančić) Purk. 36
Picea orientalis (L.) Peterm. 67
Pinus armandii Franch. 85
Pinus strobus L. 58
Pinus sylvestris L. 71
Platanus x hispanica Mill. ex
Münchh. 31, 61
Prunus serrulata Lindl. ›Kanzan‹
93
Pseudotsuga menziesii (Mirb.)
Franco 53
Pyrus salicifolia Pall. 78
Quercus frainetto Ten. 74
Quercus palustris Münchh. 81
Quercus robur L. 37, 45, 86
Quercus robur L. ›Concordia‹ 42
Quercus robur L. ›Fastigiata‹ 58
Quercus rubra L. 66
Quercus x rosacea Bechst. 46
Rhododendron spec. 35, 44
Robinia pseudoacacia L. 58
Salix alba L. ›Tristis‹ 86
Salix caprea L. 76
Symphoricarpos albus (L.) S. F.
Blake 87
Syringa josikaea J. Jacq. ex Rchb.
60
Syringa x chinensis Willd. 93
Taxodium distichum (L.) Rich.
74
Taxus baccata L. 48
Thuja occidentalis L. 48, 83
Thuja plicata Donn ex D. Don
›Aurescens‹ 52
Tilia cordata Mill. 31, 46
Tsuga mertensiana (Bong.)
Carrière 56
Ulmus x hollandica Mill.
›Wredei‹ 93

Weiterführende Literatur

Bäume und Sträucher im Greizer Park. Amtlicher Kurzführer der Stiftung Thüringer Schlösser und Gärten, bearb. von Christa Bretschneider, 3. Auflage, Rudolstadt 1995.

Der Greizer Park. Garten – Kunst – Geschichte – Denkmalpflegerische Konzeption. Beiträge zu Park und Sommerpalais Greiz (Berichte der Stiftung Thüringer Schlösser und Gärten, Bd. 3), München 2000.

Erhardt, Walter; Götz, Erich; Bödeker, Nils u. a.: Zander. Handwörterbuch der Pflanzennamen, 18., völlig überarb. Auflage, Stuttgart 2008.

Fitschen, Jost: Gehölzflora. Ein Buch zum Bestimmen der in Mitteleuropa wild wachsenden und angepflanzten Bäume und Sträucher. Mit Knospen- und Früchteschlüssel, 12., überarb. und erg. Auflage, Wiebelsheim 2006.

Gliemeroth, Kurt; Puppe, Roland: Schlosspark Pillnitz. Ein dendrologischer Führer, 2., überarb. Auflage, Leipzig 2004.

Göritz, Hermann: Laub- und Nadelgehölze für Garten und Landschaft. Eigenschaften, Ansprüche, Verwendung, 5., überarb. Auflage, Berlin 1986.

Günther, Harri: Gehölze in den Gärten von Sanssouci. Dendrologischer Führer, hg. von der Stiftung Preußische Schlösser und Gärten Berlin-Brandenburg, 3., verb. Auflage, Potsdam 2000.

Jäger, Hermann: Die Ziergehölze der Gärten und Parkanlagen. Alphabetisch geordnete Beschreibung, Kultur und Verwendung aller bis jetzt näher bekannten Holzpflanzen und ihrer Abarten, welche in Deutschland und Ländern von gleichem Klima im Freien gezogen werden können, Weimar 1865.

Krüssmann, Gerd: Handbuch der Nadelgehölze 2., neu bearb. Auflage, unter Mitwirkung von Hans-Dieter Warda, Berlin/Hamburg 1983.

Derselbe: Handbuch der Laubgehölze, 2., vollst. neu bearb. und erw. Auflage, 3. Bde. und Registerbd., Berlin/Hamburg 1976–1978.

Petzold, Carl Eduard: Die Landschafts-Gärtnerei. Ein Handbuch für Gärtner, Architekten, Gutsbesitzer und Freunde der Gartenkunst. Mit Zugrundelegung Repton'scher Principien, Leipzig 1862.

Derselbe: Zur Farbenlehre der Landschaft (Beiträge zur Landschafts-Gärtnerei), Jena 1853, Reprint: Rüsselsheim 1991.

Petzold, Carl Eduard; Kirchner, Georg: Arboretum Muscaviense. Über die Entstehung und Anlage des Arboretum Sr. Königlichen Hoheit des Prinzen Friedrich der Niederlande zu Muskau. Nebst einem beschreibenden Verzeichniss der sämmtlichen, in demselben cultivirten Holzarten, Gotha 1864.

Sommerpalais und Fürstlich Greizer Park. Amtlicher Führer der Stiftung Thüringer Schlösser und Gärten, verf. von Gotthard Brandler, Eva-Maria von Máriássy, Franz Nagel, Helmut-Eberhard Paulus, Catrin Seidel und Günther Thimm, 2., überarb. Auflage, Berlin/München 2014.

Stappenbeck, Ilse: Der Park zu Greiz. Seine Geschichte, seine künstlerische Entwicklung und ihre Vollendung durch Eduard Petzold, Zeulenroda 1939.

Thimm, Günther: Der Greizer Park, in: Paulus, Helmut-Eberhard (Hg.): Paradiese der Gartenkunst in Thüringen. Historische Gartenanlagen der Stiftung Thüringer Schlösser und Gärten (Große Kunstführer der Stiftung Thüringer Schlösser und Gärten, Bd. 1), Regensburg 2003, S. 77–91.

Wimmer, Clemens Alexander: Bäume und Sträucher in historischen Gärten. Gehölzverwendung in Geschichte und Denkmalpflege (Muskauer Schriften, Bd. 3), Dresden 2001.

Abbildungsnachweis

Duhamel du Monceau, Henri Louis: De l'exploitation des bois [...], Paris 1764, Taf. XIII, Staatliche Bücher- und Kupferstichsammlung Greiz (Foto): S. 16

Staatliche Bücher- und Kupferstichsammlung Greiz: S. 7; Uli Fischer (Foto): S. 21

Stiftung Thüringer Schlösser und Gärten, Roswitha Lucke (Lageplan): S. 26/27, 28/29, hintere Umschlagklappe innen; Jürgen M. Pietsch (Foto): S. 9, 11; Michael Schmidt (Foto): S. 54; Helmut Wiegel (Foto): Titelbild, S. 4, 22/23, 30, 32, 34, 36, 38, 40, 41, 43, 44, 45, 47, 49, 50, 56, 57, 59, 60/61, 62/63, 64, 66, 67, 68, 69, 71, 72, 74, 76, 77, 79, 80, 81, 82, 83, 84, 85, 87, 89, 90, 92, Umschlagrückseite

Touchy, Ferdinand Christian: Die Gartenkunst oder ein auf vieljährige Erfahrung gegründeter Unterricht, so wohl große als kleine Lust- Küchen- Baum- und Blumengärten anzulegen; fremde Bäume, Stauden und Gewächse für englische Gärten zu ziehen und zu warten [...], 2. Auflage, Bd. 4, Leipzig 1804, Taf. 10, Staatliche Bücher- und Kupferstichsammlung Greiz (Foto): S. 14

www.fokus-natur.de, Frank Leo (Foto): S. 19